DIE SCHÖNSTEN
BIERGÄRTEN
in München und im S-Bahnbereich des MVV

Münchner Innenstadt

1	Viktualienmarkt	*8*
2	Hofbräuhaus	*9*
3	Park-Café Kitchen	*10*
4	Paulaner-Bräuhaus	*11*
5	Pschorr-Keller	*12*
6	Löwenbräukeller	*13*
7	Augustiner-Keller	*14*
8	Max-Emanuel-Brauerei	*16*

Münchner Norden

9	Osterwaldgarten	*17*
10	Chinesischer Turm	*18*
11	Seehaus	*20*
12	Hirschau	*22*
13	Brunnwart	*23*
14	Grün Tal	*24*
15	Sankt-Emmerams-Mühle	*25*
16	Aumeister	*26*
17	Wirtshaus am Hart	*28*
18	Weyprechthof	*29*
19	Ziegelhaus	*30*
20	Concordia-Park	*31*
21	Taxisgarten	*32*

Münchner Osten

22	Hofbräukeller	*34*
23	Paulaner Keller	*36*
24	Michaeligarten	*37*
25	Forschungsbrauerei	*38*
26	Leiberheim	*39*
27	Franziskaner	*40*
28	Kreitmair	*42*
29	Weißes Bräuhaus	*44*

Münchner Süden

30	Spektakel	*45*
31	Flaucher	*46*
32	Harlachinger Einkehr	*48*
33	Siebenbrunn	*49*
34	Mangostin	*50*
35	Münchner Haupt´	*51*
36	Hinterbrühl	*52*
37	Menterschwaige	*54*
38	Waldwirtschaft Großhesselohe	*56*
39	Brückenwirt	*58*

Münchner Westen

40	Sendlinger	*59*
41	Rosengarten	*60*
42	Hopfengarten	*61*
43	Waldheim	*62*
44	Einkehr Zur Schwaige	*63*
45	Hirschgarten	*64*
46	Schlosswirtschaft Freiham	*66*
47	Fasanerie	*67*

48 Inselmühle 68
49 Zum Alten Wirt 70
50 Landsberger Hof 71
51 Aubinger Einkehr 72

Münchner Umgebung

52 Alte Villa 74
53 Bräustüberl Dachau 76
54 Bräustüberl Weihenstephan 77
55 Forsthaus St. Hubertus 78
56 Kraillinger Brauerei 79
57 Klosterbrauerei Andechs 80
58 Kugler-Alm 82
59 Liebhard´s Bräustüberl 84
60 Obermühlthal 85
61 Schlossgaststätte
Leutstetten 86
62 Schlosswirtschaft
Oberschleißheim 88
63 Zum Fischmeister 89

Der Flaucher – Biergartenoase bei Thalkirchen (Seite 46).

... 37 weitere Biergärten 90

Über dieses Buch 94
Register 95
MVV-Gemeinschaftstarif
(Auszug) 96

Das Seehaus am Kleinhesseloher See (Seite 20).

VORWORT

Liebe Leserin, lieber Leser,

für den einen bedeutet der Biergartenbesuch, neudeutsch ausgedrückt, »Lifestyle«, für den anderen nur »den Durst löschen«. Für uns gilt hier das Motto: Jeder, wie er eben mag! Es gibt für jeden den richtigen Biergarten, ob er nun familienfreundlich, ein Einheimischentreff oder ein total angesagter In-Treff ist.

Am Anfang war der Biergarten

Sicher hat schon der eine oder andere von Ihnen an lauen Sommerabenden im romantischen Abendrot seinem Gegenüber tief in die Augen geschaut. Nicht selten ist man dann Jahre später zu dritt, zu viert, zu fünft usw. dorthin zurückgekehrt, wo doch so vieles seinen Anfang nimmt. Richtig: im Biergarten.

Man findet ihn an landesweit geschätzten Seen (Starnberger See), in regional beliebten Wäldern (Perlacher Forst), hinter dicken Mauern von Traditionswirtschaften (Hofbräuhaus), angegliedert an weltberühmte Klosterbrauereien (Andechs), in weltberühmten Parks (Englischer Garten) und sogar bei noblen königlichen Schlössern (Schleißheim). Und die Wirte – die sind mitunter so prominent wie ihre Gäste.

Die Geschichte

Erfunden hat man den Biergarten vor über 150 Jahren. Um das im Winter gebraute Bier den Sommer über kühl zu lagern, bauten die Brauereien Keller (Hofbräukeller, Löwenbräukeller, Salvatorkeller). Zusätzlich schuf man oberirdische Stellplätze für die Fässer, indem man einheimische Rosskastanien, deren dichter Blätterwuchs bekanntlich am meisten Schatten spendet, anpflanzte und die Bierfässer darunter – sozusagen im Garten – lagerte. Um nicht in Konkurrenz zur Münchner Gastronomie zu treten, durfte im Biergarten nur Bier ausgeschenkt werden. Die Brotzeit musste man sich selbst mitbringen. Heutzutage gibt es kaum noch einen Biergarten ohne Bewirtung. Typisches wie Haxn, Hendl, Steckerlfisch, Spareribs, Radi, Obazda und Wurstsalat machen einem den Mund wässrig. Weit über 100.000 sonnige, schattige, lauschige, lebendige, illustre und verschwiegene Platzl zählen die Münchner Biergärten. Und seine Brotzeit darf man sich in den meisten Fällen immer noch selbst mitbringen. Große, berühmte Namen sind darunter, wie der Biergarten am Chinesischen Turm, der Hirschgarten oder die Waldwirtschaft (»Wawi«).

VORWORT

Durch einen riesigen Medienrummel sind die Biergärten, vor allem die »Wawi«, erst vor ein paar Jahren in aller Munde gewesen: »Darf man das Recht auf ein abendliches Bier wegen eventueller Lärmbelästigung der Nachbarn beschneiden?«, fragte sich der Münchner. Ergebnis war die bekannte »Biergartenrevolution«, die mit einem versöhnlichen Beschluss der Bayerischen Staatsregierung endete. Die Biergärten in und um München dürfen bis 23 Uhr geöffnet bleiben. Leben und leben lassen, so heißt von jeher das Motto in München.

Zu diesem Buch

Neben Beschreibungen von Ort, Anfahrt, Lage, Besonderheiten, Biersorten und Spielplätzen bietet unser Münchner Biergartenführer auch teils historische Exkurse rund um den Biergarten und seine Wirtschaft sowie über das Umfeld und Ausflugsziele. Und nicht zuletzt machen wir uns auf die Suche nach dem Ursprung von historischen Getränken wie diversen Starkbieren (Salvator), der Russnmaß (Weißbier mit Limo), dem Radler (Helles mit Limo) und der Thoma-Maß (frei nach Ludwig Thoma).
Ganz wichtig ist noch eines: In München ändert sich die Gastroszene wie das Wetter. Besitzer- und Wirtewechsel sind an der Tagesordnung. Auch alteingesessene Betriebe bleiben davon nicht verschont. Leider bedeutet das oft Renovierung – und auch der Biergarten bekommt dann ein völlig neues Gesicht. Wenn sich die Küche und das kulinarische Gesamtangebot ändern, kann sich auch ganz schnell das Publikum ändern. Aus dem familienfreundlichen Biergarten wird ein Szenetreff und aus dem Geheimtipp ein In-Treff. Von geänderten Telefonnummern und neuen Öffnungszeiten ganz zu schweigen. Wenn Sie also in unserem Biergartenführer möglicherweise Daten und Fakten finden, die von der Realität überholt wurden, haben Sie bitte Verständnis.
Danke schön und – wir sehen uns!
Michael Möser

Am Ammersee im Park eines Jugendstilhauses – die Alte Villa (Seite 74).

Folgende Seite: Ein Biergarten wie aus dem Bilderbuch – Liebhard´s Bräustüberl in Aying (Seite 84).

MÜNCHNER INNENSTADT

1 Viktualienmarkt

Der Biergarten am Viktualienmarkt ist die ideale Ergänzung zum Markt- oder Stadtbummel – und ein wunderbarer Rastplatz mitten im Bauch der Stadt.

Information

Viktualienmarkt-Biergarten
Viktualienmarkt 6, 80331 München
Tel. 29 75 45
MVV-Anfahrt Mit allen S-Bahnen oder mit der U3 oder U6 bis zum Marienplatz, von dort zu Fuß in 1 Minute; 52er Bus bis Haltestelle Viktualienmarkt
Öffnungszeiten Mo bis Fr 9 – 22 Uhr, Sa bis 19 Uhr; So und Feiertage geschlossen
Sitzplätze Etwa 800

Mitten im Herzen von München, wo der berühmte Komiker und Volksschauspieler Karl Valentin mit einem Brunnen verewigt wurde und die Marktfrauen traditionell am Faschingsdienstag zum Tänzchen bitten, breitet sich unter alten Kastanien eine wahre Biergartenoase aus.

Er ist keiner der großen alten Münchner Biergärten, aber vielleicht deswegen den Münchnern schon sehr ans Herz gewachsen. Auch Touristen schätzen die schattigen Platzerl unterm Maibaum. Ob »Preußen«, Japaner oder Italiener – hier sitzen sie mit den Bayern zusammen. Außerdem steckt der Viktualienmarkt mit all seinen frischen Köstlichkeiten rundum zu einer Brotzeit geradezu an. Mittags strömen die Leute scharenweise aus den Büros hierher. Darum ist's vormittags zum Weißwurstfrühstück am schönsten. An einem lauen Sommerabend ist eine kühle Maß allerdings auch nicht zu verachten. Von der Lage her geht's kaum zentraler: Zur U-Bahn am Marienplatz ist es nicht weit, und die Fußgängerzone beginnt (oder endet) praktisch hier.

UNSER TIPP

Vom Alten Peter aus kann man den Blick auf München genießen. Eine andere Möglichkeit ist der Besuch im Valentin-Musäum im Isartorturm.

Wissenswertes

Biersorten Alle sechs Münchner Brauereien im Wechsel: Löwenbräu, Paulaner, Hacker-Pschorr, Spaten, Augustiner und Staatliches Hofbräu
Verpflegung Vollservice und Selbstbedienung; das Mitbringen der eigenen Brotzeit ist erlaubt
Für Kinder Kein Spielplatz

MÜNCHNER INNENSTADT

2 Hofbräuhaus

Münchens bekanntestes Wirtshaus kennt jeder. Meint man. Einheimische meiden den Touritreff leider meist und verpassen so einen schönen Biergarten.

Information

Biergarten im Hofbräuhaus
Platzl 9, 80331 München, Tel. 22 16 76
www.hofbraeuhaus.de
MVV-Anfahrt Vom Marienplatz (alle S-Bahnen, U3 oder U6) 5 Minuten zu Fuß, mit der Trambahn 19 bis zur Haltestelle Kammerspiele; kaum Parkplätze, lieber mit dem Radl kommen!
Öffnungszeiten Täglich 9–24 Uhr, kein Ruhetag
Sitzplätze 500 plus 110 auf der Terrasse

Das Hofbräuhaus zählt zu Münchens Institutionen wie der FC Bayern oder das Oktoberfest. Meist wird es auch in einem Atemzug damit genannt, gibt man sich irgendwo auf der Welt als Münchner zu erkennen. Der auch durch die Hymne »In München steht ein Hofbräuhaus, oans, zwoa, gsuffa ...« weltweit berühmt gewordene Bierausschank am Platzl wird von Münchnern wegen der »Fremdenschwemme« jedoch eher selten besucht. Daher kennen die wenigsten Einheimischen das lauschige Biergartenplatzl hinter den historischen Mauern von 1589. Man sitzt neben Amis und Japanern im schattigen Innenhof unter den sechs hohen Kastanienbäumen rund um den Löwenbrunnen und könnte fast vergessen, mitten in der Stadt zu sein. Es geht angenehm ruhig zu. Besonders für einen Frühschoppen bietet sich der unbekannte Biergarten am bekanntesten Münchner Wirtshaus an. Am späten Vormittag ist es meist noch nicht allzu voll.
Der Biergarten im Hofbräuhaus ist ein Klassiker und trotzdem immer noch ein Geheimtipp – so was gibt's halt nur in München.

UNSER TIPP

Das Hofbräuhaus liegt günstig für alle, die gern einkaufen oder bummeln gehen: Von hier sind es nur wenige Schritte bis zur Münchner Topeinkaufsmeile, der Maximilianstraße.

Wissenswertes

Biersorten Alle Hofbräubiere
Verpflegung Vollservice; außerdem ist auch Selbstbedienung am Brotzeitstandl möglich
Für Kinder Es gibt einen Spielplatz mit Karussell

3 Park-Café Kitchen

Was haben Anwälte und Discotänzer gemeinsam? Einen Biergarten. Seit Jahren ist er nun schon ein Geheimtipp – das ist eines der Rätsel dieser Stadt.

> **Information**
>
> Biergarten Park-Café Kitchen
> Sophienstraße 7, 80333 München
> Tel. 59 83 13
> **MVV-Anfahrt** Mit allen S-Bahnlinien, mit der U2 zum HBf, mit der U4 oder U5 oder mit den Trambahnen 16 bis 21 und 27 bis zur Haltestelle Karlsplatz (Stachus); nur wenige Parkplätze vorhanden
> **Öffnungszeiten** Täglich 10–1 Uhr (nachts)
> **Sitzplätze** Etwa 1600

Allein schon vom Standort her ist er einmalig: Der Park-Café-Biergarten liegt in Bahnhofs- und Fußgängerzonennähe hinter der In-Disco Park-Café und mitten im Alten Botanischen Garten. Doch die Dröhnung mit Discomusik fängt meist erst so richtig an, wenn der Biergarten schon geschlossen hat. Also muss man keine Angst vor Lärmbelästigung haben. Trotz der zentralen Lage vernimmt man auch Münchens bekannteste Kreuzung, den Stachus (Karlsplatz), akustisch nur im Hintergrund als gedämpftes Verkehrsgrummeln, das wirklich kaum stört. Das Publikum ist recht gemischt. Da Kinder sich im Park tummeln können, ist der Park-Café-Biergarten ein guter Tipp für Familien.

Die Nähe zum Justizpalast – man sieht den repräsentativen Bau vom Biergarten aus – und zu diversen angesehenen Anwaltskanzleien nutzen viele Juristen und deren Kundschaft, um sich auf eine mehr oder weniger lange Besprechung in den Biergarten zurückzuziehen. Also fangen Sie in diesem Biergarten lieber keinen Streit an!

> **Wissenswertes**
>
> **Biersorten** Alle Löwenbräubiere
> **Verpflegung** Ein Drittel mit Bedienung, der Rest versorgt sich am Standl selbst oder bringt was mit
> **Für Kinder** Können im Park rumtoben oder auch für kurze Zeit im öffentlichen Kindergarten (mit Spielplatz) nebenan abgegeben werden

UNSER TIPP

Einer der Biergärten in München, die am längsten geöffnet haben, mit nahtlosem Übergang zur Disco.

MÜNCHNER INNENSTADT

4 Paulaner-Bräuhaus

Der Biergarten im Schlachthofviertel kann mit den alteingesessenen kaum mithalten, aber ein Besuch lohnt allein schon der hausgebrauten Biere wegen.

Information
Paulaner-Bräuhaus
Kapuzinerplatz 5, 80337 München
Tel. 5 44 61 10
MVV-Anfahrt Am besten mit dem Radl oder mit der U3 oder U6 zum Goetheplatz oder dem 58er Bus; es gibt kaum Parkplätze in der Nähe
Öffnungszeiten Anfang April bis Ende September täglich 11–23 Uhr
Sitzplätze Etwa 1000

Das Paulaner-Bräuhaus am Kapuzinerplatz erkennt man auch noch auf den zweiten Blick, ist es doch als gezeichnete Ansicht auf sämtlichen Bierdeckeln und Speisekarten der historischen Wirtschaft verewigt. Früher war die ganze Gegend Paulanerland, d. h. fest in Händen der Paulaner-Brauerei. Heutzutage ist der Stadtteil den Münchnern eher als Schlachthofviertel bekannt.

Gegenüber dem Paulaner-Bräuhaus steht der architektonisch zu vernachlässigende Komplex des Arbeitsamts, und nur wenige hundert Meter Luftlinie entfernt verteilen sich rund um den Biergarten die wichtigsten Kliniken der Stadt. Daher ist auf jeden Fall eine wirklich interessante Gästemischung vorprogrammiert. Kenner schätzen vor allem das selbst gebraute Bier (es ist relativ preiswert) und natürlich die gute Küche des Hauses. Sehenswert sind außerdem die blank polierten Kupferkessel im Inneren des Gasthauses.

Nicht verwechseln sollte man das Paulaner-Bräuhaus mit dem Paulanerkeller; den finden Sie auf Seite 36.

UNSER TIPP
Vor allem bei schönem Wetter ist es angenehm, gleich nebenan durch den Südlichen Friedhof, einen der schönsten Münchner Friedhöfe, zu spazieren.

Wissenswertes
Biersorten Hausgebraute Biere, Helles und Weizen
Verpflegung Vollservice oder Selbstbedienung am Brotzeitstandl; Selbstversorgung mit eigener Brotzeit ist ebenfalls erlaubt
Für Kinder Keine Spielplätze weit und breit, dafür gibt's Kindergerichte

5 Pschorr-Keller

Fußgänger verirren sich meist nur zur Oktoberfestzeit auf die Theresienhöhe. Was sie dabei oft übersehen, ist der kleine Biergarten am Hacker-Pschorr-Keller.

Information

Pschorr-Keller
Theresienhöhe 7, 80339 München
Tel. 50 10 88
MVV-Anfahrt Mit der U4 oder U5 bis Haltestelle Theresienwiese, dann nur noch ein paar Schritte; wenige Parkplätze, Radweg Bavariaring nutzen!
Öffnungszeiten Täglich 11–23 Uhr
Sitzplätze Etwa 350

»Was, in diesem Monsterbau soll ein Biergarten sein?«, mag sich der Unwissende fragen. Aber die Großgastronomie des Hacker-Pschorr-Kellers verbirgt hinter ihrer mächtigen Fassade tatsächlich ein ruhiges Platzl zum Brotzeitmachen. Zigtausende von Wiesnbesuchern sind schon nichts ahnend daran vorbeigepilgert. Kein Wunder, denn wenn die Glitzerwelt des Oktoberfests lockt, findet natürlich kaum einer die Muße, um nebenan in einem ruhigen, versteckten Biergarten zu sitzen – oder doch? In den Sommermonaten ist es hier auf jeden Fall noch gemütlicher als zur Oktoberfestzeit, einfach weil es wärmer ist.

Direkt nebenan steht der gigantische Glasanbau des Karstadt Einrichtungshauses. Und auf dem alten Messegelände werden Wohnungen gebaut, auch von einem Ableger des Deutschen Museums ist die Rede. Das wäre eine Attraktion mehr in der Nachbarschaft des Lokals von Werner und Eva Kasper. Die Wirtin ist die Tochter des Promiwirts, Hinterbrühl-Besitzers und TSV-1860-Präsidenten Karl-Heinz Wildmoser. Übrigens: Die saftigen Spareribs sollen die billigsten von ganz München sein.

UNSER TIPP

Besuch der Bavaria auf der Theresienwiese, ihres Zeichens bayerische Freiheitsstatue und eines der Wahrzeichen Münchens.

Wissenswertes

Biersorten Alle Hacker-Pschorr-Biere
Verpflegung Mit Service und teils mit Selbstbedienung
Für Kinder Können auf dem Spielplatz und auf der Wiese nebenan spielen

MÜNCHNER INNENSTADT

6 Löwenbräukeller

In der »Höhle des Löwen« ist an guten Tagen der »Bär« los. Ein historischer Ort unweit des Königsplatzes und der Hausbiergarten der Löwenbräu-Brauerei.

Information

Löwenbräukeller
Nymphenburger Straße 2
80335 München, Tel. 52 60 21
MVV-Anfahrt Mit der U1 oder mit der Trambahnlinie 20 oder 21 zum Stiglmaierplatz; nur wenige Parkplätze in der Nymphenburger Straße, die hat allerdings einen Radweg.
Öffnungszeiten Täglich 9–1 Uhr (nachts)
Sitzplätze Etwa 1300

Charakteristisches Wahrzeichen des Löwenbräukellers ist der runde Turm mit dem Spitzdach, und der ist, nähert man sich dem Stiglmaierplatz, schon von weitem zu sehen. Gebaut hat ihn ein gewisser Friedrich von Thiersch im Jahr 1882, und den Löwenbräukeller gleich mit dazu. Sozusagen als Hausbiergarten der nahen Löwenbräu-Brauerei ist das schattige Bierrevier einer der Klassiker in München und strotzt nur so vor Tradition und Geschichte. So schieden sich hier im Jahr 1919 – zur Zeit der Münchner Räterepublik – die Geister. Obendrein ist Löwenbräu weltweit das bekannteste Bier aus Bayern, und die Brauerei versucht diesen Ruf auch im Biergarten zu verteidigen. Die Maßpreise halten sich im Vergleich zu anderen Münchner Biergärten im unteren Drittel auf, und das entschädigt zumal diejenigen, denen es so nah an der Straße doch ein bisschen zu sehr brummt.

Herumgesprochen hat sich die Qualität der gegrillten oder gebratenen Spezialitäten von Wirt Fritz Seyferth, der als gelernter Kaufmann mit Kochkenntnissen selbstverständlich immer auf frische Ware achtet.

UNSER TIPP

Ein echter Hit sind alljährlich im Sommer die Open-Air-Veranstaltungen auf dem nahen Königsplatz.

Wissenswertes

Biersorten Alle Biere natürlich von Löwenbräu
Verpflegung Bereich mit Bedienung, mit Selbstbedienung oder Tische für Selbstversorger
Für Kinder Wenig Platz zum Spielen

MÜNCHNER INNENSTADT

7 Augustiner-Keller

Einer der »großen alten Herren« in Sachen Biergärten. Wo einst die Köpfe rollten, da schiebt man heutzutage eher eine ruhige Kugel.

Information

Augustiner-Keller
Arnulfstraße 52, 80335 München
Tel. 59 43 93
www.augustinerkeller.de
-Anfahrt Mit allen S-Bahnlinien bis Haltestelle Hackerbrücke und zu Fuß weiter in 5 Minuten oder mit der U2/U5 bis Hauptbahnhof und zu Fuß in 10 Minuten, mit den Trambahnen 16 und 17 bis zur Haltestelle Hopfenstraße; Parkplätze gibt es in der Arnulfstraße und zwischen Circus Krone und Finanzamt.
Öffnungszeiten Täglich 10–1 Uhr (nachts)
Sitzplätze Etwa 5000, davon 200 Stammtische

Wo in früheren Jahrhunderten das Volk zur Hinrichtungsstätte der Stadt zog, ziehen die Scharen heute nach gegenüber, und zwar zur Stätte des Genusses. Der Augustiner ist mit 5000 Plätzen ein Riese unter den vielen Biergärten Münchens. Zahlreiche Stammtischler haben hier seit ewigen Zeiten ihren schattigen Platz unter den 100 Jahre alten Kastanien. Aber wehe, ein »Fremdkörper« lässt sich darauf nieder – und den Bedienungen entgeht, auch wenn es nicht immer den Anschein hat, nichts. Die teils künstlerisch verzierten Stammtische sind absolut sehenswert. 200 Stück gibt es davon im Augustiner. Ob unterm Regenschirm mit Blitzableiter oder am gemäldeverzierten Stammtisch – hier sitzt es sich gut. Wer hier seinen Augustiner-Edelstoff aus dem Holzfass tanken will, ist genau an der richtigen Adresse. An lauen Sommerabenden kann es schon mal vorkommen, dass der Riese bis auf den letzten Platz besetzt ist. Vielleicht, weil sich herumgesprochen hat, dass hier noch ein paar der letzten Exemplare der Spezies »gebürtiger Münchner« anzutreffen sind.

UNSER TIPP

Nicht nur für Kinder sehenswert: Im Circus Krone nebenan gibt's Jan. bis März Zirkusshows, abends oft Livemusik.

Wissenswertes

Biersorten Alle Augustiner-Biere
Verpflegung 2000 Plätze mit Service und 3000 Plätze mit Selbstbedienung in den gut bestückten Schmankerlgassen; eigener Brotzeitkorb ist erlaubt
Für Kinder Spielplatz mit Schaukel und Kletterturm

MÜNCHNER INNENSTADT

Stammtischphantasien im Kastanienschatten des Augustiner-Kellers.

MÜNCHNER INNENSTADT

8 Max-Emanuel-Brauerei

Der kleine, lauschige Biergarten ist einer der beliebtesten »Seminarräume« in Uninähe: Sauerstoff für die Hirnzellen und ein Helles, um die Psyche aufzuheitern.

Information

Max-Emanuel-Brauerei
Adalbertstraße 33, 80799 München
Tel. 2 71 51 58
MVV-Anfahrt Mit der U3 oder U6 bis Haltestelle Universität und dann 10 Minuten zu Fuß oder mit der Trambahnlinie 27 oder dem 53er Bus bis Schellingstraße; wenige Parkplätze, die meisten Besucher kommen mit dem Radl.
Öffnungszeiten Täglich 11–22.30 Uhr
Sitzplätze Etwa 600

Über diese Lage – mitten in Schwabing, noch dazu gar nicht weit von der LMU, der Ludwig-Maximilians-Universität, entfernt –, da kann sich jede Wirtschaft freuen. Wenn sie auch noch über einen so netten kleinen Biergarten verfügt, freuen sich auch die Gäste. Und die tragen nicht unisono Jeans und ausgelatschte Turnschuhe. Neben den Studenten sitzen hier alte und neue Schwabinger, junge Familien, verliebte Pärchen, sanftmütig gewordene 68er Revoluzzer und ab und zu einmal ein paar Touristen, die sich hierher, in die Maxvorstadt (so heißt der Teil Schwabings), verirrt haben. Wirklich ein hübsches, schattiges Plätzchen unter den Kastanienbäumen. Als eine Oase der Ruhe möchte man den Biergarten fast bezeichnen. Schön, dass man die Brotzeit jetzt auch selber mitbringen darf. Dafür gibt's neben Bayerischem auch Internationales, vom Gyros bis zum Mozzarella »aufm Della«. Und sogar an diejenigen ist gedacht, die im Biergarten das obligatorische Bier verweigern. Die können sich dann halt einen Wein bestellen.

UNSER TIPP

Zur Alten oder zur Neuen Pinakothek oder zur Pinakothek dr Moderne sind es vom »Max E.« aus nur zehn Minuten zu Fuß.

Wissenswertes

Biersorten Alle Löwenbräu-Biere, bis 18 Uhr Bier im Halbe-Glas, danach nur im Maßkrug
Verpflegung Etwa die Hälfte der Sitzplätze mit Service, der Rest bedient sich an den Standln; Selbstversorgung erlaubt
Für Kinder Für kleine Kinder ist hier Fehlanzeige

MÜNCHNER NORDEN

9 Osterwaldgarten

Er ist klein, aber fein, hat einen ganz gewissen Charme und gehört einfach zu Schwabing, ebenso wie der Kleinhesseloher See oder der Monopteros.

Information

Osterwaldgarten
Keferstraße 12, München-Schwabing
Tel. 38 40 50 40
www.osterwaldgarten.de
MVV-Anfahrt Mit der U6 bis zur Dietlindenstraße, von dort einige Minuten zu Fuß oder mit dem 44er Bus zur Osterwaldstraße; nur ganz wenige Parkplätze; am besten mit dem Radl kommen!
Öffnungszeiten Täglich 11–22.30 Uhr
Sitzplätze Etwa 350

Früher war er noch ein Geheimtipp, der Osterwaldgarten. Heute ist das Biergartenidyll immerhin noch eines der lauschigsten Plätzchen in ganz Schwabing. Nur unbekannt ist er leider nicht mehr. Direkt am Englischen Garten gelegen, unweit des Kleinhesseloher Sees, sind Gastwirtschaft und Biergarten von jeher eine Alternative zum Seehaus gewesen. Dies ist der Osterwaldgarten nach der langen Umbauphase jetzt erst recht. In neuer Schönheit erstrahlt, zeigt sich der kleine, aber feine Biergarten nun von seiner besten Seite. Vom etwas angegilbten Mief früherer Tage ist nun wirklich nichts mehr zu spüren. Die Innenräume sind in dunklen Holztönen gehalten, außen wirkt alles picobello. Schade für Nostalgiker, schön für Romantiker. Denn die können jetzt noch hübscher unter der uralten Kastanie kuscheln. Und eng zusammenrücken muss man schon, denn die 350 Plätze befinden sich auf engem Raum. Der Osterwaldgarten – ein echtes Stück Schwabing, wie es leibt und lebt. Auf dass er vielleicht doch irgendwann wieder zum Geheimtipp wird!

Spezialität ist der Osterwalder Saubraten mit Kartoffelknödel und Krautsalat. Der Biergarten hat zwar offiziell nur bis halb elf Uhr auf, aber meist sitzen um Mitternacht immer noch Leute an den Tischen.

UNSER TIPP

Gleich schräg gegenüber ist eines der schönsten Kuschelhotels von ganz München.

Wissenswertes

Biersorten Spaten-Franziskaner
Verpflegung Nur mit Bedienung
Für Kinder Kein Spielplatz in der Nähe

10 Chinesischer Turm

Mitten im Englischen Garten liegt einer der Klassiker unter den Münchner Biergärten. Vor allem an lauen Sommerabenden geht hier die Post ab.

Information

Chinesischer Turm
80536 München
Tel. 39 50 28
www.china-turm.de

MVV-Anfahrt Mit der Tram der Linie 17 bis Tivolistraße oder mit der U3 oder U6 bis Universität und zu Fuß 10 Minuten durch den Englischen Garten oder mit dem 54er oder 154er Bus direkt zum Chinaturm; etwa 300 kostenpflichtige Parkplätze vorhanden mit dem Radl angenehm durch den Englischen Garten zu erreichen
Öffnungszeiten März bis November täglich 11–24 Uhr
Sitzplätze Etwa 7000

Eines der Wahrzeichen der Stadt ist der Chinesische Turm, dem auch der Biergarten seinen Namen verdankt. Er steht mitten in der grünen Lunge Münchens, d.h. mitten in einem der größten und schönsten Landschaftsgärten der Welt. Der über 200 Jahre alte Englische Garten geht auf seinen Gründer, den Grafen Rumford, zurück. Rumford war in Bayern so etwas wie ein Verteidigungsminister, der bei dem Gelände aber nicht nur Militärisches im Sinn, sondern auch den Blick fürs Schöne hatte. Aus dem damaligen Sumpfgebiet ließ er von Gartenkünstler Sckell einen Landschaftsgarten nach englischem Vorbild, also einen naturnahen Park formen. Den Namen Englischer Garten trägt der wunderschöne Park demnach zu Recht. Heute ist das gepflegte Wiesen-, Baum- und Blumenareal vom Stadtbild nicht mehr wegzudenken und eine wahre Freizeitoase. Auf der 3,7 Quadratkilometer großen Parkfläche kann man sich nach Herzenslust austoben, ob beim Fußballspielen oder Drachen-steigen-Lassen, beim Spazierengehen oder Radeln, ob beim Sonnenbaden oder bei einem Besuch im Biergarten, wie z.B. beim Chinesischen Turm.

Im Jahr 1790 wurde der exotische Holzturm eingeweiht, 1944

Wissenswertes

Biersorten Alle Biere vom Hofbräuhaus
Verpflegung Selbstbedienung an den Standln, oder man bringt sich seine eigene Brotzeit mit
Für Kinder Direkt nebenan ist ein großer Spielplatz mit Bayerns ältestem Holzkarussell von 1913

MÜNCHNER NORDEN

brannte er ab, und 1952 hat man ihn gottlob wieder aufgebaut. Sein Baustil erinnert an eine chinesische Pagode mit vier Stockwerken. Geklaut wurde die Idee vom königlichen Schlossgarten zu London, wo das Original steht. Im Lauf der Zeit hat sich das Holz des Chinesischen Turms fast schwarz verfärbt, aber seine kupferfarbene Spitze thront weithin sichtbar über allem. An Wochenenden wird eine Etage des Chinaturms als Bühne für eine zünftige bayerische Blaskapelle genutzt.

Fernab des Trubels der Großstadt strömen Münchner, Zuagroaste (Zugezogene) und Touristen scharenweise zum »Turm«, wie der Biergarten unter Kennern genannt wird. Hier wird an guten Tagen so viel Bier ausgeschenkt wie sonst in keinem anderen Biergarten. In einer guten Saison, also ohne viel Regen, sprudeln am Chinaturm rund eine Million Liter in die Krüge. Wissen muss man allerdings, dass der echte Turmfan auch durch widrigste Witterungsverhältnisse kaum von einem Besuch abzuhalten ist. Hier fängt die Biergartensaison an, wenn der Schnee geschmolzen ist. Von der Fangemeinde abgesehen, trifft sich am Chinaturm ein buntes Völkchen. Einige »Paradiesvögel« sind schon auch darunter, aber das gehört einfach dazu – man will ja auch was geboten bekommen für sein Geld.

Eine echte Schau ist der einmal im Jahr, am dritten Julisonntag um 6 Uhr früh, stattfindende Kocherlball – eine Ur-Münchner Tradition mit Tanzmusik und feschen Trachten.

UNSER TIPP

Nur einen Spaziergang entfernt: ein Besuch im Haus der Kunst, Ecke Königin-/Prinzregentenstraße, oder im Bayerischen Nationalmuseum.

Der Chinesische Turm – ein Ideenklau aus London; der gleichnamige Biergarten dagegen ist eine angestammte Münchner Institution.

MÜNCHNER NORDEN

11 Seehaus

Herrlich sonniges Fleckerl im Englischen Garten direkt am Kleinhesseloher See und erste Adresse für das beliebte Spiel »sehen und gesehen werden«.

Information
Seehaus
Kleinhesselohe 2, 80802 München
Tel. 3 81 61 30
MVV-Anfahrt Mit der U3 oder U6 bis Haltestelle Münchner Freiheit oder mit der U6 bis Dietlindenstraße, von dort 10 bis 15 Minuten zu Fuß oder mit dem 44er Bus zur Osterwaldstraße; wenige kostenpflichtige Parkplätze (mit Verzehrbon); nicht das Auto auf Gehwegen parken, sonst gibt's einen Strafzettel!
Öffnungszeiten Werktags ab 11, sonntags ab 10 bis 24 Uhr
Sitzplätze Etwa 2500 plus 400 auf den Terrassen.

Unter »Seehaus« muss man sich mehr vorstellen, als der Name zunächst vermuten lässt. Grundsätzlich handelt es sich hier um eine mehrschichtige Gastronomieanlage, deren Herzstück aber zweifelsfrei ihr herrlich gelegener Biergarten ist. Er zählt zu den vier Biergärten, die den Vorzug besitzen, sich mitten in einer der schönsten Parkanlagen der Welt zu befinden, im Englischen Garten. Auf den ersten Blick kann man im Seehaus ein gesellschaftliches »Mehrschichtensystem« bewundern, das beim genaueren Hinsehen aber gar keines ist. Zur Erklärung: Auf der Caféterrasse sitzen die scheinbar Noblen, auf der Biergartenterrasse die offenbar weniger Noblen und an den ganz normalen Biertischen die wohl überhaupt nicht Noblen? Weit gefehlt, denn die Geheimnisse der »Sitzordnung« lassen sich wirklich erst auf den zweiten Blick durchschauen, wenn überhaupt! Fakt ist, dass der Herr Direktor auch im Biergarten sitzen kann und seine Sekretärin im Café. Kurz gesagt, es ist schon »köstlich« zu beobachten: das Spiel der Klassen und der Massen. Leuteschauen macht Spaß, und selber gehört man ja irgendwie auch dazu. Wer keinen Platz direkt am See ergattert, hat Pech

Wissenswertes
Biersorten Alle Paulaner-Biere
Verpflegung Auf der Terrasse nur mit Service, im Biergarten Selbstbedienung; eigene Brotzeit darf mitgebracht werden; Maß Paulaner hell für ca. 7,– €
Für Kinder Renovierter Spielplatz mit weißem Sand rund um ein hölzernes Schiff

MÜNCHNER NORDEN

»Sehen und gesehen werden« heißt die Parole im Seehaus-Biergarten.

gehabt, setzt sich in die zweite Reihe und begegnet dort vielleicht seiner Traumfrau oder dem Traummann – doch wieder Glück gehabt! Der Biergartenbesucher ist ja ohnehin ein verkappter Voyeur. Da sitzt er ganz g'schamig vor seiner Maß und schaut und schaut, ja manche kommen aus dem Schauen gar nicht mehr raus. Was hier auf dem Laufsteg zwischen den Biertischreihen so abläuft, kann sich aber auch sehen lassen. Touristen sind natürlich auch jede Menge da, denn das Seehaus scheint in jedem Reiseführer über München drinzustehen.

Wer will, kann sich sogar im Winter, wenn sich auf dem zugefrorenen See die Schlittschuhläufer und Eisstockschützen treffen, auf eine Halbe oder einen Glühwein hersetzen, denn der Selfservicepavillon hat garantiert geöffnet.

Überhaupt ist das Seehaus von der Sonne und den Temperaturen verwöhnt. Hier erlebt man den Sonnenuntergang später als am Chinesischen Turm. Daran liegt's aber nicht, dass die Szene insgesamt ein bisserl schicker ist. Das ganze Ambiente macht's, denn das Seehaus selbst erinnert an eine herrschaftliche Villa im Grünen. Vermutlich liegen die Preise auch deshalb ein wenig höher als in anderen Biergärten.

UNSER TIPP

Flirten im Miettretboot: Man hat die Hände frei und nur den Himmel über sich – romantisch hoch zehn!

MÜNCHNER NORDEN

12 Hirschau

Ein Tipp für alle, die's gern rundum grün und weitgehend ihre Ruhe haben wollen. Ein grundsolider Biergarten ohne Schnickschnack.

Information

Hirschau
Gyßlingstraße 15, 80805 München
Tel. 3 12 05 50
www.waldfest.de
MVV-Anfahrt Mit der U6 bis Haltestelle Dietlindenstraße, von dort 15 Minuten zu Fuß oder mit dem 44er Bus zur Osterwaldstraße; es gibt nur wenige Parkplätze, deshalb lieber mit dem Radl kommen!
Öffnungszeiten Täglich 10–1 Uhr (nachts)
Sitzplätze Etwa 1700

Nur böswillige Spötter sagen, wer in die Hirschau geht, habe wohl im Seehaus keinen Platz bekommen. Nein, so kann man das nicht sehen. Denn der Biergarten hat eine langjährige Tradition und immerhin sogar seine eigene Abfahrt vom Mittleren Ring. Trotzdem bekommt man hier Sonntagmittag oder Samstagabend noch einen Platz. Im Sommer 2002 öffnete die komplett um- bzw. neugebaute Hirschau wieder ihre Pforten. Nun gibt es jeden Donnerstag ein After Work Waldfest im Kaisertal. Die neuen Pächter, die Wiesenwirte Peter und Christian Schottenhamel wollen auch den Europreiskampf nicht mitmachen und bitten die Maß Helles für € 4,70 an. Im Freien wird swingige Jazzmusik geboten, im Tanzlokal darf heftig geflirtet werden. Die Terrasse ist Servicebereich; wer die Brotzeit lieber selbst mitbringt, kann sich auch auf den anderen Plätzen niederlassen. Noch zwei Tipps: Nebenan befinden sich ein gutes Dutzend Miettennisplätze, und Inline-Skate-Fahrer brauchen auf dem Betonboden der ehemaligen Rollschuhbahn nicht mal die Schuhe auszuziehen. Ernsthafte Konkurrenz also für das Seehaus.

UNSER TIPP

Das ist vor allem für Fußballer interessant: Östlich der Hirschau sind jede Menge Bolzwiesen.

Wissenswertes

Biersorten Spaten-Helles und Spaten-Dunkles vom Fass sowie Franziskaner-Hefeweißbier
Verpflegung Nur auf der Terrasse mit Bedienung, sonst Selbstbedienung vom Standl oder Selbstversorgung mit eigener Brotzeit
Für Kinder Großzügiger Spielplatz

MÜNCHNER NORDEN

13 Brunnwart

Ein kleiner, aber feiner Biergarten mit Stil. Leider ist er kein Geheimtipp mehr, sonst hätten wir ihn wahrscheinlich auch nicht verraten.

Information

Brunnwart, Biedersteinerstraße 78
80802 München
Tel. 3 61 40 58
MVV-Anfahrt Mit der U6 bis Haltestelle Dietlindenstraße, dann noch 5 Minuten zu Fuß über Ungerer-/Stengelstraße; nur wenige Parkplätze vorhanden, deshalb besser mit dem Radl kommen!
Öffnungszeiten Täglich 11 – 23.30 Uhr (Biergarten), Lokal bis 1 Uhr (nachts)
Sitzplätze Etwa 350

Welcher Schwabinger kennt denn schon den Brunnwart? Nur wenige, vom Rest der Münchner ganz zu schweigen. Und die sollen auch lieber in ihre eigenen Biergärten gehen, denn das kleine idyllische Biergartenplatzl neben dem historischen Gasthaus am Rande des Englischen Gartens ist leider schnell voll. Die Wirtschaft ist deshalb so geschichtsträchtig, weil der Brunnwart früher jahrzehntelang eine Pumpstation war, die Ende des 18. Jahrhunderts für das nahe gelegene Biedersteiner Schloss das Wasser lieferte. Heute trifft sich eine erlesene Fangemeinde von alten Schwabingern in der heimeligen Atmosphäre des gemütlichen Wirtsgartens, um am Abend ein paar Biere abzupumpen. Die Ergebnisse der gutbürgerlichen Küche, wie z. B. das Wiener Schnitzel vom Kalb mit Preiselbeeren, sind als rundum gelungen zu charakterisieren und werden einem freundlich serviert. Und für jeden Geschmack und Geldbeutel lässt sich hier das Richtige finden.
Wer jedoch nur eine Breze essen will und sonst eher auf Remmidemmi steht, der soll lieber gleich zum Chinaturm weiterziehen.

UNSER TIPP

Das Ungererbad ist nicht weit weg vom Brunnwart, nur ein paar Gehminuten in westlicher Richtung (der Eingang liegt in der Traubestraße). Also: Pack die Badehose ein!

Wissenswertes

Biersorten Alle Löwenbräu-Biere
Verpflegung Keine Selbstbedienung oder Selbstversorgung, überall nur mit Service
Für Kinder Kein Spielplatz

MÜNCHNER NORDEN

14 Grün Tal ✓

Eine stilvolle Adresse mit köstlichsten Speisen und langer Liste an prominenten Gästen. Hier reicht auch Kleingeld – wenn man nur genug davon hat.

Information

Grün Tal
Grüntal 15
81925 München
Tel. 99 84 11-0
MVV-Anfahrt Mit der U4 bis Haltestelle Arabellapark, dann mit dem 87er Bus bis Endstation Rümelinstraße; einen Parkplatz muss man sich in den Straßen rund ums Grün Tal suchen.
Öffnungszeiten Täglich 11– 22 Uhr
Sitzplätze Etwa 800

Ein schönes Plätzchen hat sich das Wirtshaus im Grün Tal da an der Grenze zum Nobelstadtteil Bogenhausen ausgesucht. Unweit der Isar liegt mitten im Grünen ein mit viel Liebe eingerichtetes Wirtshaus mit einem lauschigen,

Wissenswertes

Biersorten Alle Paulaner-Biere, Helles und Pils vom Fass, Premium leicht und Edelweiße
Verpflegung Man wird überall bedient, Selbstversorgung ist nicht erlaubt
Für Kinder Spielplatz mit Geräten vorhanden

nicht zu großen Biergarten. Die beiden Münchner Gastroinstanzen Roland Kuffler und Gerd Käfer nahmen sich des renommierten Lokals an und polierten Restaurant und Biergarten auf Topniveau. Mittlerweile schaltet und waltet Roland Kuffler als einziger Regent. Auf der Speisekarte finden sich bayerische und internationale Spezialitäten. Fast schon ein Muss ist die Niederbayrische Bauernente, die steht übrigens jeden Tag auf der Karte. Qualität und Preise sind hier gehobene Kategorie. Kein Wunder, dass alles, was in München Rang und Namen hat, sich im Grün Tal (mindestens) einmal sehen lässt. Die Liste der prominenten Namen reicht bis zum ersten Stock hinauf.

Doch man bleibt diskret, sucht sich hinterm Haus seinen Platz an der Proseccobar oder im Biergarten und lauscht dem Rauschen des Brunnbacherls, das mitten durch den Biergarten fließt und an heißen Tagen Kühlung bringt.

UNSER TIPP

Nach der Einkehr einen kleinen Verdauungsspaziergang zu den Isarauen hinunter unternehmen.

MÜNCHNER NORDEN

15 Sankt-Emmerams-Mühle

Kann ein Biergarten ein Szenetreff sein? Zur Beantwortung dieser Frage muss jeder selber mal bei der Emmerams-Mühle vorbeischauen.

Information

Sankt-Emmerams-Mühle
St. Emmeram 41, 81925 München
Tel. 95 39 71
MVV-**Anfahrt** Mit dem 37er, 88er, 89er oder 188er Bus und dann noch einige Meter zu Fuß; wenige Parkplätze, Parkservice, großer öffentlicher Parkplatz an der Oberföhringer Straße (ca. 4 Minuten)
Öffnungszeiten Mo–Sa 11–1 Uhr (nachts), Sonn- u. Feiertage 10–1 Uhr (nachts)
Sitzplätze 700 Plätze werden bedient (Vollservice), 450 Plätze mit Selbstbedienung

Wer vor dem 1999 einer gelungenen Totalrenovierung unterzogenen Lokal unter den alten Kastanien mit Blick zum kleinen Straßerl sitzt, hat den besten Platz für die alltägliche Motorshow. Mehr oder weniger laut gleiten hier Cabrios, Sportwagen und Limousinen vom Feinsten vorbei. Mancher Fahrer schaut sogar rüber, winkt einer tiefer gelegten Dame und bleibt vor allem eines: cool. Auch wenn der Sommer in München nicht zu den heißesten zählt, gilt es doch, hier eine gewisse Kühle zu zeigen. Aber Spaß beiseite: Die Sankt-Emmerams-Mühle ist und bleibt eine gute Adresse.

Der Biergarten, mit einem Selbstbedienungsbereich im hinteren Teil, ist die kleine Radltour auch noch am Abend unter der Woche wert. Und neben Schickis und Promis trifft man hier auch durchaus »normale« Leute, die einfach nur eine Brotzeit machen wollen. Wer nach der köstlichen Schweinshaxe oder den frischen Spareribs statt der Radtour lieber noch einen Verdauungsspaziergang zur Isar unternehmen will, kann gleich hinterm Haus losmarschieren.

Wissenswertes

Biersorten Alle Spaten-Biere
Verpflegung Mit Bedienung; Selbstbedienung im rückwärtigen Teil
Für Kinder Neuer Spielplatz im SB-Bereich; öffentlicher Spielplatz (1 Minute)

UNSER TIPP

Am Wochenende am besten mittags vorbeiradeln und für nachmittags oder abends Plätze reservieren.

MÜNCHNER NORDEN

16 Aumeister

Ein Schmuckstück von einem Biergarten im nördlichen Teil des Englischen Gartens und außerdem ein beliebtes Ziel für Familien und Radlausflügler.

> **Information**
>
> Aumeister
> Sondermeierstraße 1, 80939 München
> Tel. 32 52 24
> **MVV-Anfahrt** Mit der U6 bis Haltestelle Studentenstadt oder Freimann, dann noch 10 Minuten Gehzeit; eigener Parkplatz mit 150 Stellplätzen; besser mit dem Radl durch den Englischen Garten fahren!
> **Öffnungszeiten** 9–23 Uhr, Montag Ruhetag
> **Sitzplätze** 2500 plus 600 bediente

Schon die Kulisse mit dem ehemaligen kleinen Jagdschloss von Prinzregent Luitpold bildet einen hübschen Rahmen. Hier organisierte einst der Königliche Aumeister Hofjagden in den Isarauen. Heute sind das strahlend gelbe Aumeisterhaus aus dem Jahr 1810 und natürlich der große Biergarten davor Anziehungspunkte für ein wahres Heer von Ausflugsradlern. Von Westen kommt die Jugend aus den Wohnheimen der Studentenstadt, von Norden rücken ganze Abteilungen des nahen Bayerischen Rundfunks an, von Osten und Süden schließlich rollt gemütlich der Rest der Fangemeinde durch den Englischen Garten entweder auf Fahrrädern oder auf Inline-Skates daher.

Auch Familien fühlen sich hier richtig wohl: Während die Eltern sich's bei einer Maß gut gehen lassen, können die Kinder sich auf dem Spielplatz austoben. Im Biergarten des Aumeister knüpfen nur wenig alte Kastanien ein für Sonnenstrahlen undurchdringliches Netzwerk über den Köpfen. Also gibt's genug Licht und Wärme, und es ist kein Wunder, dass der Aumeister meist schon im März aufmacht. Die offizielle Öffnungszeitspanne reicht sogar von Dezember bis Oktober. An Schmankerln gibt's das übliche Biergartenprogramm: Hendl, Braten, Würstl, Brezen, Kartoffelsalat, Wurstsalat, Radi, Obazdn undundund... Alles zum Mitnehmen an den Standln. Es gibt hier übrigens nicht nur Bierbänke. Man kann auch ein bisserl vornehmer auf Gartenklappstühlen sitzen.

Im Aumeisterhaus selbst hat sich schon seit langem ein Restaurant etabliert. Wer es also noch ein bisserl »fürnehmer« haben will (mit Tischdecken, Porzellan, Servietten und feinem Besteck), kann sich auf der Terrasse feine

MÜNCHNER NORDEN

Nudelgerichte oder ein Lachsragout servieren lassen. Diese Köstlichkeiten sind natürlich dementsprechend teurer als das Biergarten-»Programm«.

UNSER TIPP

Bei einer Radltour durch den Englischen Garten und die Hirschau lassen sich gleich fünf Biergärten erstrampeln.

Wissenswertes

Biersorten Alle Biere vom Hofbräu
Verpflegung Im Hausgarten mit Service, im Biergarten Selbstbedienung an den Standln oder Selbstverpflegung
Für Kinder Spielplatz mit Klettergerüst, Schaukel, Wippen, Karussell

Im Aumeister ist Saison von Dezember bis Oktober.

17 Wirtshaus Am Hart

Ein kleiner Biergarten im Norden von München, der einfach ein bisserl anders ist als die anderen. Warum auch nicht ...

Information

Wirtshaus Am Hart
Sudetendeutsche Straße 40
80937 München
Tel. 3 11 60 39
MVV-Anfahrt Mit U2 oder U8 bis zur Haltestelle Am Hart und noch 5 Minuten zu Fuß; wenige Parkplätze
Öffnungszeiten Täglich von 11–23 Uhr, Sa 15–23 Uhr
Sitzplätze Etwa 500

Die kleine Wirtschaft mit dem schönen alten Kastanienbestand ist hauptsächlich Münchnern, die nördlich des Frankfurter Rings wohnen, ein Begriff. Milbertshofen ist ja nun in München nicht unbedingt als Szeneviertel bekannt. Aber im Wirtshaus Am Hart trifft man sie trotzdem – allerdings nicht unbedingt die Schickis. Die einen nennen das Publikum »alternativ«, wir nennen es einfach »ein bisschen anders«. In der Regel ist es jung und gut drauf. Viele gehen nach ihrer Brotzeit und einer Maß in die Vorstellung des hier ansässigen Hinterhoftheaters. Die Kleinkunstbühne genießt einen hervorragenden Ruf in München, und für manchen fängt das Kabarett sogar schon vor der Vorstellung, nämlich im Biergarten, an. Wie auch immer, taz-Leser erfreuen sich an Biosalaten, AZ-Leser an den frischen Haxn, tz-Leser greifen (nur freitags) zum Steckerlfisch und SZ-Leser zu den internationalen Snacks – oder so ähnlich. Wer alternativ zum Löwenbräu-Hellen lieber ein original irisches Guinness vom Fass genießen will – bitte schön, hier ist das Anderssein wirklich keine Affäre.

UNSER TIPP

Wer vor oder nach dem Biergartenbesuch eine Vorstellung des Hinterhoftheaters besuchen will, sollte vorher Karten (telefonisch) reserviert haben: Tel. 3 11 60 39.

Wissenswertes

Biersorten Alle Löwenbräu-Biere, Kilkenny und Guinness vom Fass
Verpflegung Ein Teil mit Bedienung, ein Teil Selfservice an den Standln und ein Teil für Selbstversorger mit eigenem Brotzeitkorb
Für Kinder Der große Spielplatz verfügt über einen Sandkasten, Schaukel und Wippe

18 Weyprechthof

Für Harthofer ein »alter Hut«, für alle anderen Münchner vielleicht mal eine willkommene Abwechslung in der Biergartensaison.

Information

Weyprechthof
Max-Liebermann-Straße 6
80937 München
Tel. 3 11 19 50
MVV-Anfahrt Mit der U2, U8 oder dem 84er Bus bis Haltestelle Harthof; kleiner Parkplatz (30); auch mit dem Radl über Belgrad-/Knorrstraße erreichbar
Öffnungszeiten Mo–Fr 15–23 Uhr, Sa, Sonn- und Feiertage 13–23 Uhr
Sitzplätze Etwa 1000

Der Weyprechthof ist kein spektakulärer Biergarten und will es auch gar nicht sein. Dennoch bietet er viel Platz, und langes Schlangestehen ist hier, im Norden Münchens, nicht an der Tagesordnung. So gesehen ist er fast schon ein Geheimtipp, würden an lauen Sommerabenden die Harthofer nicht am liebsten »ihren« Biergarten vor allen Fremden verteidigen wollen. Aber ganz so schlimm ist's natürlich auch nicht, und über ein neues Gesicht freut man sich hier bestimmt. Auch für Nichtharthofer ist der Biergarten leicht zu erreichen. Entweder man nimmt U-Bahn oder Bus, oder man verbindet den Ausflug mit einer kleinen Radtour. Wie es sich für Bayern ja eigentlich auch gehört, steht die Wirtschaft direkt neben der Kirche. So genießt der Weyprechthof den zusätzlichen Vorteil, auch an Sonntagen eine günstige Anlaufstelle zu sein. Denn wie heißt's so schön hier zu Lande: Wirtshaus und Kirche halten Leib und Seele zusammen. Das wissen die Harthofer schon lange besonders zu schätzen, weshalb sie ihre Spareribs und die Steckerlfische vom Holzkohlengrill am Sonntag ganz besonders genießen.

Wissenswertes

Biersorten Alle Paulaner-Biere
Verpflegung Mit Bedienung auf der Terrasse, im Biergarten Versorgung am Selbstbedienungspavillon
Für Kinder Großer, gut einsehbarer Spielplatz

UNSER TIPP

Dank des großen Spielplatzes haben hier auch Kinder ihre Gaudi.

19 Ziegelhaus

Wem ein Biergarten »nur« mit Bier zu langweilig ist, der kann sich hier auch mit Hochprozentigem in Stimmung bringen.

Information
Ziegelhaus
Knorrstraße 172, 80937 München
Tel. 3 16 57 51
MVV-Anfahrt Mit U2, U8 oder dem 80er Bus bis Haltestelle Am Hart; Parkplätze sind hinterm Garten
Öffnungszeiten Täglich 11 – 23 Uhr
Sitzplätze Etwa 500

Man sieht viel Jungvolk, das sich hier gelegentlich »die Kante gibt«. Kein Wunder, denn außer Bier gibt's im Ziegelhaus auch eine große Auswahl an wirklich ziegelharten Drinks. Montags und dienstags steigt nämlich die Happynight, mittwochs ist Caipirinha-Nacht, donnerstags die Schnappesnacht und samstags ist die Limesnacht angesagt (10 Limes für 14,80 €). Wer hier kräftig mitschlucken will, soll lieber gleich zu Fuß kommen oder die öffentlichen Verkehrsmittel nutzen. Täglich wechseln die Motti, und wer »nur so« kommt, um in Ruhe sein Bier zu trinken, ist natürlich auch willkommen. Denn im Grunde ist der Biergarten vom Ziegelhaus mit dem schönen alten Baumbestand ganz normal – bis auf die fest installierten Tische vielleicht. Aber die braucht es hier vermutlich dringender als in anderen Münchner Biergärten. Denn anderswo ist es ja auch nicht unbedingt üblich, dass man allen Ernstes eine Caipirinha-Maß bestellen kann. Prost Mahlzeit!

UNSER TIPP
Zuerst zum Olympiagelände, Stadion anschauen, auf den Olympiaturm rauffahren, danach vielleicht ins BMW-Museum oder im Olympiapark spazieren gehen und im August im Theatron den Livebands zuhören. Danach noch vom Scheidplatz mit der U-Bahn ins Ziegelhaus fahren und den Tag im Biergarten ausklingen lassen.

Wissenswertes
Biersorten Spaten-Biere
Verpflegung Eine Hälfte mit Service, die andere bedient sich am Standl selbst
Für Kinder Spielplatz und Wiese hat man gut im Blick

20 Concordia-Park

Wo früher die Männer mit stolzgeschwellter Brust aus voller Kehle sangen, rauschen heute etliche Maß Bier ausgetrocknete Männerkehlen hinunter. Der Gesang, der danach manchmal ertönt, ist allerdings nicht immer so gefragt.

Information
Concordia-Park
Landshuter Allee 165, 80637 München
Tel. 15 52 41
MVV-Anfahrt Mit den Trambahnlinien 20 und 21 bis zur Haltestelle Olympiapark West, dann noch 5 Minuten zu Fuß; es gibt nur wenige Stellplätze auf dem kleinen Parkplatz vor der Tankstelle
Öffnungszeiten Täglich 10 – 23 Uhr
Sitzplätze Etwa 800

Im Concordia-Park, zwischen Dantebad und Olympia-Radstadion, stand einst das Vereinsheim des Männergesangsvereins Concordia. Aus dem Sängertreff von 1884, wo man schon 1914 die ersten Biertische aufstellte – den Concordianern war wohl die Kehle trocken geworden –, wurde mit der Zeit eine professionelle Wirtschaft. Der Name blieb, die kräftigen Stimmen wurden immer weniger. Im Kleingartenmilieu fühlt man sich trotzdem sauwohl, und im Biergarten trifft man ganz »normale« Leute aus Neuhausen und Umgebung. Die Küche ist vorzüglich und verwöhnt auf bodenständige Art mit bayerischen Schmankerln. Und der schöne Spielplatz begeistert auch kleine Biergartenfans, die hier sicher gern wieder herkommen. So mancher flüchtet auch vom an vielen Abenden übervollen Taxisgarten (siehe Seite 32) hierher. Eigentlich dürfte man ihn schon deshalb nicht verraten, den Concordia-Park-Biergarten. Außerdem wird so ein schönes Platzl unter Kastanien, Ahornbäumen und Birken in der Betonwüste der Stadt immer seltener. Immerhin erreichte er ber der AZ-Biergarten-Hitparade dem dritten Platz.

Wissenswertes
Biersorten Alle Löwenbräu-Biere
Verpflegung Ein Teil mit Vollservice, der Rest bedient sich am Standl selbst oder bringt sich die eigene Brotzeit mit
Für Kinder Gut einsehbarer, schöner Spielplatz

UNSER TIPP
Im nahe gelegenen Dantebad kann man am Abend erst eine Runde schwimmen, bevor man sich dann eine frische Maß im Concordia-Park zu Gemüte führt.

MÜNCHNER NORDEN

21 Taxisgarten

Im Herzen Neuhausens und ausgesprochen ruhig gelegen, ist diesem schönen alten Münchner Biergarten auch in unserem Herzen ein Platz ganz sicher.

Information

Taxisgarten
Taxisstraße 12, 80637 München
Tel. 15 68 27
MVV-Anfahrt Mit der U1 zur Haltestelle Gern und dann 2 bis 3 Minuten zu Fuß
Öffnungszeiten Tägl 10.30 – 22.30 Uhr
Sitzplätze Etwa 1500

Wenn Anlieger ein Anliegen haben, sollte man sich nicht mit ihnen anlegen. Einer der schönsten Biergärten Münchens hat diesen Rat beherzigt, gab lieber nach und musste dafür kräftig abspecken: Der Taxisgarten reduzierte seine Kapazität von 3000 auf 1500 Sitzplätze und zog den Schankschluss auf 22.30 Uhr vor. Wegen der Geruchsbelästigung wurde zeitweise sogar auf das Braten von Steckerlfisch verzichtet. Aber jetzt gibt es sie wieder. Und keine Sorge, bis jetzt haben wir immer noch ein freies Eckerl gefunden, und was die hauseigene Metzgerei sonst noch so alles auf der Pfanne bzw. auf dem Grillrost hat, das kann sich wirklich genauso sehen, besser gesagt schmecken lassen. Und wem der Sinn nicht nach bayerischen Schmankerln steht, der findet auch einige italienische Spezialitäten auf der Karte. Unter hohen uralten Kastanien sitzt man nun in dem Altmünchner Biergarten gemütlich auf grünen hölzernen Bierbänken, schaut auf die bildschön renovierte, gelbweiße Villa, beißt in eine ofenfrische Breze und sinniert über weitere durstlöschende Anliegen.

Als die Spezialität wird hier der Grüne Obazde (mit Petersilie) gehandelt – einmalig auf der Welt. Eine andere typische Köstlichkeit sind die Country-Kartoffeln mit Avocadocreme oder Kräuterjoghurt. Das Helle stammt von Spaten, das Weißbier von Franziskaner.

UNSER TIPP

Ein Sprung ins große Schwimmbecken vom Dantebad nebenan.

Wissenswertes

Biersorten Das Helle von Spaten, das Weißbier von Franziskaner
Verpflegung Teils mit Bedienung, teils Selbstversorgung an den Standln; eigene Brotzeit mitbringen ist erlaubt
Für Kinder Spielplatz auf dem Gelände

MÜNCHNER NORDEN

Die Qual der Wahl: Bank oder Stuhl, Spareribs oder Grüner Obazda?

▶ MÜNCHNER OSTEN *Platz 2*

22 Hofbräukeller

Ein echter Altmünchner Biergarten mit langer Tradition und viel Stadtteilflair. Danach gibt's jede Menge Nightlife in Haidhausen.

Information

Hofbräukeller
Innere Wiener Straße 19
81667 München, Tel. 45 99 25 21
www.hofbraeukeller.de
-**Anfahrt** Mit der U4 oder U5 bis zum Max-Weber-Platz, die Trambahnlinie 18 hält direkt vor dem Hofbräukeller; wenige Parkplätze, aber 120 Stellmöglichkeiten in der Tiefgarage
Öffnungszeiten Täglich 10 – 24 Uhr
Sitzplätze Etwa 2000

Vor zwölf Jahren ist der halbe Hofbräukeller abgebrannt. Danach war die Innere Wiener Straße eine einzige Baustelle. Inzwischen hat sich's beruhigt, die Bagger sind verschwunden, und man hat im Biergarten hinterm Haus wieder seine Ruhe. Er ist unumstritten Haidhausens größter Biergarten, und viele sagen auch, der schönste. Auf jeden Fall sitzt man unter Kastanien und bekommt Gutbayerisches zum Bier geboten. Der Biergarten befindet sich auf historischem Boden, denn 1836 kühlte die Königliche Hofbrauerei hier schon ihr Bier in den Kellern. Also trinken wir unsere Maß an diesem Ort mit Verstand, während wir uns doch im Herzen des neuen In-Viertels von München. Sogar Prominenz wird hier ab und zu gesichtet. Wer ein echter Haidhausener ist, den juckt das sowieso nicht, Hauptsache, es schnappt ihm kein Schwabinger seinen Platz weg – da hört der Spaß nämlich auf. Spätestens nach der zweiten Maß verträgt man sich aber wieder und teilt brüderlich den guten Obazdn. Man weiß ja nie, ob der Nachbar nicht doch ein »hohes Viech« aus dem Landtag von nebenan ist.

UNSER TIPP

Der Bilderbuch-Biergarten wurde von der Münchner Abendzeitung mehrfach zum schönsten Biergarten Münchens gewählt. Wer will, kann nachher in die Muffathalle (Livebands) oder ins IMAX-Kino im Forum der Technik gehen.

Wissenswertes

Biersorten Alle Biere von Hofbräu
Verpflegung 400 Plätze mit Bedienung, der Rest versorgt sich am Standl selbst oder bringt was mit
Für Kinder Kleiner Spielplatz

MÜNCHNER OSTEN

Biergarten oder Bar – und hier gibt´s sogar eine Picknickwiese...

23 Paulanerkeller am Nockherberg

Hier spielt einmal im Jahr das Starkbier die Hauptrolle. Im Sommer pilgern die Münchner, und allen voran die Giesinger, in riesigen Scharen zum Nockherberg.

Information

Paulanerkeller am Nockherberg
Hochstraße 77, 81541 München
Tel. 4 59 91 30
www.nockherberg.com
MVV-Anfahrt U2 bis Silberhornstraße und Tram 25 bis Ostfriedhof; Parkplätze vorhanden
Öffnungszeiten Montag bis Donnerstag 14–23 Uhr, Freitag bis Sonntag 11–23 Uhr
Sitzplätze Etwa 2200

1999 einem Großbrand zum Opfer gefallen, wird der Paulanerkeller im März 2003 wieder in neuem Glanz erstanden sein und seine gastlichen Pforten öffnen. Vor allem zur Starkbierzeit ist der Nockherberg in der Au seit jeher eine Art Wallfahrtsziel der Münchner. Überregionale Berühmtheit erlangte er durch den alljährlichen Starkbieranstich und das Politiker-»Derblecken« zum Auftakt der Fastenzeit.

Auch wenn es den Paulanerkeller derzeit nicht gibt – der Biergarten existiert weiter. Allerdings mit weniger Plätzen: nur noch 2000 und ohne Bedienung. Es gibt eine Grillerlaubnis; dann steht Spezialitäten wie Rollbraten, Haxn und Hendl nichts mehr im Weg. Die Maß kostet ca. 5 €.

So groß der Biergarten auch ist, an Wochenenden oder Sommerabenden kann's schon mal eng werden – die Giesinger lieben ihn halt heiß und innig. Im Juli und August gibt es jeweils ein Sommerfest. Der Hit sind die zwei Lampionfeste im Juli und August (Termin nach Wetter und auf Anfrage).

Alles in allem: Der Paulanerkeller ist einfach ein schöner Familienbiergarten mit Teilaussicht über die Dächer von München, in dem wohl jeder auf seine Kosten kommt.

UNSER TIPP

Wer den Paulanerkeller besucht, sollte unbedingt auch die Hochstraße entlangspazieren und dabei die herrliche Aussicht auf die Stadt genießen.

Wissenswertes

Biersorten Alle Paulaner-Biere vom Fass, zur richtigen Zeit Starkbier
Verpflegung Generell Selbstbedienung am Standl, oder man bringt sich die eigene Brotzeit mit
Für Kinder Spielplatz mit Schaukel und Karussell

MÜNCHNER OSTEN

24 Michaeligarten

Der Park-Biergarten im Münchner Osten überzeugt mit seiner familienfreundlichen Infrastruktur fernab jeglichen Schickimickitrubels.

Information

Biergarten im Ostpark
Feichtstraße 10, 81735 München
Tel. 43 55 24 24
MVV-Anfahrt Mit der U5 oder U8 bis Haltestelle Michaelibad und wenige Schritte bis zum Biergarten; Parkplätze beim Bad
Öffnungszeiten Täglich 10 – 22 Uhr
Sitzplätze Etwa 3400

In Neuperlach wohnen viele Menschen auf kleinem Terrain. Kein Wunder, dass sie im Sommer gern ins Freie strömen, zuerst das Schwimmbad und danach den Biergarten bevölkern. Wer möchte, macht es umgekehrt: Er kehrt zuerst, so gegen Mittag, in den Biergarten ein und kann dann die zugelegten Pfunde abschwimmen. Wie dem auch sei, der großzügig angelegte Biergarten ist direkt am See, recht ruhig, mitten im Ostpark. Hier wärmen die Sonnenstrahlen, ähnlich wie im Seehaus (siehe Seite 20), auch noch bis zum späteren Abend. Zum Publikum: Schickimickis sind hier garantiert keine anzutreffen. Im Park kann man auch noch nach der fünften Maß schön spazieren gehen, und Fluglärm gibt es, seit der alte Flughafen in Riem dichtgemacht hat, auch nicht mehr. Ein echtes Idyll also – mit viel Platz und viel Sonne. Was man ein wenig vermissen mag, ist die typisch Altmünchner Atmosphäre – ist ja alles neu in Neuperlach. Dafür ist der »Michaeli« familienfreundlich mit genügend Platz für die Kleinen. Neben See, Park und Spielplatz bieten sich Liegewiesen an, und obendrein gibt es weit und breit keine Autos.

UNSER TIPP

Auch ein Sprung ins kühle Nass ist nicht zu verachten – zum Michaelibad fällt man praktisch nur einmal um. Das große Freibad wurde übrigens erst kürzlich erweitert und umgebaut.

Wissenswertes

Biersorten Alle Löwenbräu-Biere
Verpflegung Terrasse mit Service, der Rest bedient sich am Standl selber oder bringt was mit
Für Kinder Spielplatz, Park und See

MÜNCHNER OSTEN

25 Forschungsbrauerei

Biertrinken im Dienst der Wissenschaft? So was gibt es wahrscheinlich nur in München. Eine Adresse für Forschernaturen, Bierfans und andere Neugierige.

Information

Forschungsbrauerei
Unterhachinger Straße 76
81737 München, Tel. 6 70 11 69
MVV-**Anfahrt** Mit der S7 bis Haltestelle Perlach, dann noch ein paar Minuten zu Fuß; Parkplätze vorhanden, aber lieber nicht mit dem Auto kommen!
Öffnungszeiten Di–Sa 11–23 Uhr, So/Feiertag 10–22 Uhr, Mo Ruhetag
Sitzplätze Etwa 400

Ein Mekka für Bierbrauer und solche, die es werden wollen, ist die Forschungsbrauerei bei Perlach. Hier werden vom Wirt, dem Diplombraumeister Heinrich Jakob, langjährig erforschte Mixturen ausgeschenkt. Das Exportbier Pilsissimus mit 13,4 Prozent Stammwürze und der Jakobus-Bock mit 18,5 Prozent haben es in sich. Daher sollte man vorher für eine gute Grundlage sorgen. Der Biergarten selbst ist nicht gerade ein Hort der Gemütlichkeit. Kein Verweilen unter riesigen Kastanien, die eigene Brotzeit darf auch nicht mitgebracht werden, und die vorbeirauschende S-Bahn stört zuweilen das Gespräch. Aber, wie gesagt, hier kommt der Gast ja auch im Dienste von Forschung und Wissenschaft her. Für Kinder gibt es ein Karussell und Schaukelpferde zum Tollen. Eine Reminiszenz an alte Zeiten sind die steinernen Keferloher in denen das erforschte Gerstengebräu ausgeschenkt wird. Zur Verdauung empfehlen wir einen hausgemachten Malzlikör oder ein Bittermalz.

UNSER TIPP

Für Fußballfans: Man sollte unbedingt mal auf den Spielplan der Unterhachinger schauen – das Stadion ist nicht weit (aber nur mit dem Auto erreichbar). Seit der erste Bobverein mit Fußballbundesliga-Club in ganz Deutschland bekannt geworden ist, strömen vorzugsweise sonntags die Fußballfans durch den Ort. Mittlerweile müssen aber die »Unterhachinger« wieder kleinere Brötchen backen.

Wissenswertes

Biersorten Helles Pilsissimus, blonder St. Jakobus, Bock
Verpflegung Vollservice ohne Selbstbedienung und ohne Selbstversorgung
Für Kinder Karussell und Schaukelpferdchen

MÜNCHNER OSTEN ◀

26 Leiberheim

Wo früher das Königlich-Bayerische Leibregiment relaxte, entspannen heute Familien, Singles und Paare, Geschäftsleute und Pensionäre.

Information

Leiberheim
Nixenweg 9, 81379 München
Tel. 4 30 00 00
MVV-Anfahrt Mit der S7 bis Haltestelle Neubiberg und noch 12 Minuten zu Fuß zum Biergarten oder mit der U8 und U5 bis Neuperlach-Zentrum und mit dem 95er Bus bis Waldperlach; Parkplatz mit 200 Stellplätzen vorhanden
Öffnungszeiten Täglich 10–23 Uhr
Sitzplätze Etwa 2500

Trotz der militärischen Vergangenheit geht es hier ganz friedlich und leger zu. Der Biergarten verdankt nämlich lediglich seinen Namen dem Königlich-Bayerischen Leibregiment, das hier 1907 ein Freizeitheim unterhielt. Der Gründer des Biergartens, Eduard Ordnung, steht heute noch, allerdings als Nachbildung, in der Vitrine der Gastwirtschaft. Ein wirklich schönes Fleckerl haben die »Leiber« sich damals ausgesucht: Mitten im Wald mit Tannen, Fichten und Kastanienbäumen gibt es hier reichlich schattige Platzl, was gerade im Sommer eine wahre Wohltat ist. Was heutzutage außerdem wichtig ist: Kein Durchgangsverkehr stört das Idyll. So tut man gut daran, eines der süffigen Erhartinger Biere und dazu eine Portion Spareribs, Rollbraten, Spanferkel, Leberkäs oder eine Brotzeit mit hausgemachtem Obazdn zu probieren. Oder man stillt seinen Hunger an der Salatbar, mit Ofenkartoffel oder Maiskolben. Der große Familienanteil der meist bodenständigen Besucher schätzt als neuen Anziehungspunkt auch das Obletter- Kinderparadies im Leiberheim.

Wissenswertes

Biersorten Alle Biere vom Erhartinger Bräu
Verpflegung Terrasse mit Bedienung, im Biergarten ist Selbstbedienung angesagt, oder man bringt sich die Brotzeit selber mit
Für Kinder Obletter-Kinderparadies im Leiberheim

UNSER TIPP

Vormerken für hoffentlich bessere Zeiten: ein Spaziergang durchs Schopenhauer-Wäldchen zum derzeit leider verwahrlosten Abenteuerspielplatz.

MÜNCHNER OSTEN

27 Franziskaner

Ein ruhiger, großräumiger Biergarten am östlichen Stadtrand Münchens, der die Verquickung zweier erfolgreicher Gastronomiemodelle demonstriert.

Information

Franziskaner Wirtshaus und Biergarten, Friedenspromenade 45
81827 München, Tel. 4 30 09 96
MVV-Anfahrt Mit der U8 oder U5 bis Michaelibad, von dort mit dem 94er Bus bis zur Haltestelle Vogesenstraße; mit dem Auto über die Wasserburger Landstraße, Parkplätze am Biergarten vorhanden
Öffnungszeiten Biergarten täglich 11 bis 23 Uhr, Wirtshaus täglich 11–1 Uhr (nachts)
Sitzplätze Etwa 2000

Der frühere Franziskanergarten nennt sich heute Franziskaner Wirtshaus und Biergarten. Seit Beginn des neuen Millenniums unter der Leitung von Harald Weber und Sepp Krätz wird hier eine Mischung aus den Erfolgsrezepten des Biergartens der Waldwirtschaft und des Andechser am Dom praktiziert. Wer einen Ausflug auf das Land plant und hier vorbeikommt, sollte bei der in frischem hellen Gelb erstrahlenden Gaststätte eine mehr oder weniger lange Pause einlegen. Franziskanermönche sieht man hier zwar keine, aber friedlich ist der Biergarten an der Friedenspromenade, im Sinn von ruhig. Besonders die Waldtruderinger wissen das zu schätzen. Die Institution Franziskaner Wirtshaus und Biergarten ist einfach ein schöner, großzügiger Stadtrandbiergarten mit 2000 Sitzplätzen, zum Teil unter weißen Sonnenschirmen oder jungen Kastanien, und mit mannigfaltigen Spezialitäten. Schön ist der Garten, der um die alte Wirtschaft viel Grün zeigt. Angenehm, dass man auch an Wochenenden nicht allzu lange anstehen muss, denn die Getränke- und Essensausgabe ist übersichtlich auf das lange Gebäude verteilt worden. Zum Angebot: Neben den üblichen deftigen Grillgeschichten stechen die Spareribs, die Haxn und die leicht-lockeren Steckerlfische hervor. Die Preise sind im Ver-

Wissenswertes

Biersorten Alle Spaten-Franziskaner-Biere
Verpflegung Im Wirtshaus sowie auf der Terrasse mit Bedienung und à la carte, im Biergarten Selbstbedienung am Standl, auch das Mitbringen der eigenen Brotzeit ist erlaubt.
Für Kinder Schöner Spielplatz

MÜNCHNER OSTEN

Auch unter neuer Regie bleibt der Franziskaner ein Tipp für Familien.

gleich zur »WaWi« geradezu human. Kenner meinen, das Salatbuffet wäre einen Versuch wert. Weit über Truderings Grenzen ist das Angebot an köstlichen Süßspeisen bekannt; auch Auszogne werden offeriert – und wer will, der kann sich hier sogar eine Erdbeertorte und einen Kaffee schmecken lassen.

Ein großes Plus verdient der Kinderspielplatz. Denn dort können die Kleinen in Seelenruhe spielen, während die Eltern in Sichtweite Maß und Nachwuchs gleichzeitig kontrollieren.

UNSER TIPP

Für die Vierbeiner gibt es hier eine Hundebar, und nur ein paar Meter entfernt können Herr/Frau und Hund im kühlen Forst spazieren gehen.

28 Kreitmair

Wo einst um Viecher geschachert wurde, wird heute mehr oder weniger antiker Trödel gehandelt. In Keferloh gibt es einen bildschönen Biergarten für alle.

Information

Kreitmair
Keferloh 2, 85630 Grasbrunn
Tel. 46 92 48
MVV-Anfahrt Mit der S5 bis Haltestelle Haar und noch 20 Minuten zu Fuß bis zum Biergarten oder mit dem 243er Bus, dann nach einigen Minuten zu Fuß; Parkplätze am Haus
Öffnungszeiten 15–22 Uhr, Wochenende ab 11 Uhr
Sitzplätze Etwa 1200

Der Kreitmair ist im Münchner Osten mittlerweile eine Art Institution. In Keferloh, zwischen Haar und Putzbrunn, dort, wo früher die Viehhändler um Preise feilschten und der Keferloher, der berühmte Steingutmaßkrug, erfunden wurde, steht heute eine Bilderbuchwirtschaft mit einem blitzsauberen Biergarten.

In den verirren sich gelegentlich einige Spieler des FC Bayern und sogar der ein oder andere Staatsgast, dem von Vertretern der Bayerischen Regierung hier gezeigt wird, was man unter bayerischer Lebensfreude zu verstehen hat. Typische Schmankerln vom Grill oder vom kalten Buffet und dazu ein frisches Weißbier aus dem Holzfass haben sicher schon so manchen Politiker zu volksnahen Beschlüssen hinreißen können. Aber auch das »gemeine Volk« ist hier bestens aufgehoben und scheut auch nicht eine weite Anfahrt.

Die beiden Chefs, Josef Ratzesberger und Kenneth Wein, haben hier unter den malerischen Kastanien einen Ort der Begegnung geschaffen, an dem sich viele Menschen treffen, an dem jeder seine eigene Meinung haben darf und man sogar Weißwein im Biergarten trinken darf.

UNSER TIPP

Von Februar bis November gibt's beim Kreitmair jeden ersten Sonntag im Monat einen Antikmarkt. Vielleicht findet man ja hier noch einen von den alten Keferloher Steinmaßkrügen als Souvenir.

Wissenswertes

Biersorten Alle Biere von Paulaner
Verpflegung Etwa 130 Plätze mit Service, der große Rest (1500 Plätze) bedient sich in der Standlstraße selbst; auch Selbstversorgung möglich
Für Kinder Spielplatz

MÜNCHNER OSTEN

Ein beliebter Treffpunkt für Promis und Normalos.

MÜNCHNER OSTEN

29 Weißes Bräuhaus

Ein kleiner, eher unspektakulärer Stadtteilbiergarten, der vor allem von Freunden der Schneider-Weiße angesteuert wird.

Information

Weißes Bräuhaus
Baumkirchner Straße 5
81673 München, Tel. 4 31 63 81
MVV-Anfahrt Mit S5/S6 bis Berg am Laim oder mit U2 bis Josefsburg und wenige Minuten zu Fuß oder mit der Trambahnlinie 19 bis zur Haltestelle Baumkirchner Straße; 40 Parkplätze
Öffnungszeiten Täglich 9–24 Uhr
Sitzplätze Etwa 480

Touristen verschlägt es normalerweise eher selten in den im Osten gelegenen Münchner Stadtteil Berg am Laim. Auch alteingesessene Münchner, die in anderen Stadtteilen wohnen, werden jetzt die Stirn runzeln und an eine große Gastwirtschaft in der Innenstadt (im Tal) mit ähnlich klingendem Namen denken. Aber nein, unser Weißes Bräuhaus bzw. sein Biergarten hat mit dem Namensvetter wenig zu tun (immerhin haben sie dieselbe Weißbiersorte). Es ist auch nicht so bekannt, aber eben darum ein Geheimtipp. Das Weiße Bräuhaus bietet einen kleinen Stadtteilbiergarten. Unter den alten Kastanien und Buchen sitzt es sich recht gemütlich, vorausgesetzt, man besteht nicht darauf, selbst die Brotzeit mitzubringen, denn hier gibt's nur Plätze mit Bedienung und Essen à la carte.

Beim Bier darf man ruhig wählerisch sein, denn außer der Schneider-Weiße wird auch noch der süffige Gerstensaft aus dem Herzoglichen Brauhaus Tegernsee ausgeschenkt. Und im lauschigen Hinterhof der Wirtschaft treffen sich ohnehin meistens dieselben Gäste. Im Weißen Bräuhaus sind die Berg-am-Laimer in der Regel unter sich.

UNSER TIPP

Neben bayerischen gibt es im Weißen Bräuhaus auch österreichische Spezialitäten. Wer will und wer Zeit hat, kann sich von hier aus in den Bus setzen und zum Ostpark fahren, spazieren gehen oder seinen Rausch ausschlafen.

Wissenswertes

Biersorten Alle Biere vom Herzoglichen Bräuhaus Tegernsee, Schneider-Weißbierbrauerei
Verpflegung An allen Plätzen Bedienung, keine Selbstversorgung
Für Kinder Kein Spielplatz

30 Spektakel

Sendlingern sagt man eine Portion Lokalpatriotismus nach. Ob der Schwerpunkt dabei auf »Lokal« oder »Patriotismus« liegt, kann jeder selbst herausfinden.

Information

Spektakel
Pfeuferstraße 32, 81373 München
Tel. 76 75 83 59
MVV-Anfahrt Mit der S7 oder U6 bis zum Harras und mit dem 62er Bus bis Haltestelle Sendlinger Kirche oder zu Fuß
Öffnungszeiten Täglich 11 – 23 Uhr
Sitzplätze Etwa 800

Südwestlich der Theresienwiese war früher einmal ein Dorf namens Sendling mit eigener Kirche und eigenem Wirtshaus. Die Sendlinger Kirche gibt es noch, und das Spektakel ist auch nicht weit davon, doch aus dem Dorf wurde inzwischen ein Stadtteil. Von den Sendlingern heißt es aber, dass sie wie kaum ein anderer Münchner Stadtteil zusammenhalten. Das berühmteste Beispiel aus der Geschichte: die Sendlinger Mordweihnacht von 1705, in der es zur blutigen Schlacht zwischen eingeschworenen Oberlandbauern und Habsburger Besatzertruppen kam. Um einigen der Bauern zu gedenken, hat man in Sendling Straßennamen nach ihnen benannt. Doch lassen wir die Geschichte ruhen und setzen uns in das Spektakel. Seit ein paar Jahren unter neuer Leitung, weht in dem Biergarten ein frischer Wind. Aus dem »Tannengarten« wurde das Bayerische Wirtshaus und Dorfplatzrestaurant »Spektakel«. Jung und Alt trifft sich gern in dieser von Kastanien bestandenen Oase mitten im Stadtgetriebe. Man trinkt sein Bier und genießt die Schmankerln, die Speisekarte und Selbstbedienungsstand anbieten: von Spareribs über Hendl und Haxn bis hin zum Entenbraten.

UNSER TIPP

Ein netter alter Brauch, der hoffentlich beibehalten wird: Immer wenn eine Fußball-EM oder -WM ansteht, gibt es im Tannengarten täglich Liveübertragungen der wichtigsten Begegnungen.

Wissenswertes

Biersorten Alle Biere von Hacker-Pschorr
Verpflegung 200 Plätze mit Service, Selbstbedienung auch am großen Stand, oder man bringt die Brotzeit selbst mit
Für Kinder Sandkasten und Spielzeug; es gibt auch Kindergerichte

MÜNCHNER SÜDEN

31 Flaucher

Die Thalkirchner können sich wahrlich glücklich schätzen, so ein Biergartenjuwel an den Isarauen direkt vor ihrer Haustür zu haben.

Information

Flaucher
Isarauen 8, 81379 München
Tel. 7 23 26 77
MVV-Anfahrt Mit der U3 bis Haltestelle Brudermühlstraße und noch 10 Minuten zu Fuß zum Biergarten, mit dem 45er Bus bis Haltestelle Schäftlarnstraße, am besten aber einfach mit dem Radl an der Isar entlang; nur wenige Parkplätze an der Isartalstraße
Öffnungszeiten Täglich 10–24 Uhr
Sitzplätze Etwa 2000

Der Flaucher ist wirklich eine Paradiesinsel mitten in der Großstadt. Zwischen Isar und Isarkanal gelegen, breitet sich hier eine grüne Oase mit herrlich altem Baumbestand und hohem Freizeitwert aus. Ob Sonnen- oder Nacktbader, ob Fuß- oder Volleyballer, ob Radler oder Radlertrinker, auf dem Flaucher ist für jeden was dabei. Vor allem Letztere können sich über einen der schönsten Biergärten Münchens freuen. Außerhalb des umzäunten Biergartens sitzt man wie in einem Park unter riesigen alten Kastanien und Linden. Leider wurden die alten Holztische und Holzbänke Jahr für Jahr immer weniger, und so wird das Publikum zwangsweise immer mehr ins »Innere« gedrängt. Dort hat man jedoch anständig investiert und das Angebot auf Vordermann gebracht – außerdem ist man hier näher an der Getränke- und Essensausgabe.

Spareribs und Braten sind einwandfrei, der Steckerlfisch ist für viele der Geheimtipp, und die großen Brezen liegen meistens knusprig frisch im Korb neben der Kasse. Besonders romantisch wird es am Abend. Der Biergarten ist nur teilweise beleuchtet, und wenn es dunkel wird, sitzt man einfach bei Kerzenschein. Fängt es überraschend an zu regnen, kann man sich im Innenbereich unter die Schirme oder einen überdachten hölzernen Anbau flüchten.

Fazit: Einer der schönsten Biergärten Münchens vor allem für Familien mit Kindern jeden Alters. Die Kleinen kann man getrost auf den großen, nach neuesten Sicherheitsvorschriften renovierten Spielplatz (mit Rutsche, Klettergerüst, Karussell usw.), der sich innerhalb des Biergartenareals befindet, loslassen. Die Großen haben genug

MÜNCHNER SÜDEN

Wiese zum Fußball-, Federball- oder Volleyballspielen.

UNSER TIPP

Mit Kindern kann man in den nahen Tierpark Hellabrunn gehen, mit Romantikern am Abend draußen sitzen und Kerzen anzünden.

Wissenswertes

Biersorten Alle Biere von Löwenbräu, Franziskaner-Weißbier
Verpflegung Teilweise mit Bedienung, Essensausgabe oder Brotzeit
Für Kinder Es gibt einen Spielplatz und eine große Spielwiese

Eine Oase inmitten der Großstadt und ein typischer Familien-Biergarten.

MÜNCHNER SÜDEN

32 Harlachinger Einkehr

Ein schicker Biergarten für schicke Leute. Aber auch ein schöner Platz für die ruhige mittägliche Brotzeit, wenn der Rummel noch nicht angefangen hat.

Information

Harlachinger Einkehr
Karolingerallee 34, 81545 München
Tel. 64 20 90 93
MVV-Anfahrt Mit den Trambahnlinie 25 bis zum Tiroler Platz oder mit dem 52er Bus bis zur Haltestelle Tierpark oder Alemannenstraße; Parkplätze befinden sich direkt am Haus
Öffnungszeiten Täglich 11–23 Uhr
Sitzplätze Etwa 500

Das stattliche Gebäude der alten Traditionswirtschaft thront herrschaftlich hoch über dem Isarufer und steht sogar unter Denkmalschutz. Dermaßen dekoriert freuen sich natürlich hauptsächlich Harlachinger über die »beste Lage« mitten auf dem Harlachinger Berg, unweit des St.-Anna-Kircherls. Ein wenig ungewöhnlich sind die Reitställe nebenan, von denen der Gast allerdings so gut wie nichts mitbekommt. Nett sind die Tische im Garten gedeckt, wegen der Nähe zum Tierpark gibt es leider keine Live-Musik mehr, die bisher am Abend aufspielte. Bei der Speisenauswahl setzt der Wirt auf eine internationale Mischung von Haxn bis Gyros, und auch die knusprig gebratenen Flugenten (die gibt's allerdings nur am Sonntag) sind einen Versuch wert. Es ist also für jeden Geschmack etwas dabei! Wer danach Wert auf Bewegung legt, dem sei ein ausgedehnter Spaziergang entlang der Isar empfohlen, wo man ungestört vom Verkehr stundenlang laufen kann.

UNSER TIPP

Mal was anderes: Für Kunstsinnige lohnt der Blick in das benachbarte St.-Anna-Kircherl, eine ehemalige Wallfahrtskirche mit schöner Ausgestaltung und in exponierter Lage.

Wissenswertes

Biersorten Alle Biere von Löwenbräu
Verpflegung Terrasse mit Vollservice, der Rest bedient sich an den Standln im Garten selbst
Für Kinder Spielplatz

MÜNCHNER SÜDEN

33 Siebenbrunn

Ein wunderbarer Biergarten in sehr guter Lage, der sich neben der beträchtlichen Konkurrenz in Thalkirchen durchaus behaupten und sehen lassen kann.

Information

Siebenbrunn
Siebenbrunner Straße 5
81543 München, Tel. 65 08 48
MVV-Anfahrt Mit dem 52er Bus bis zur Haltestelle Alemannenstraße; 500 Parkplätze am Haus
Öffnungszeiten Täglich 11 –1 Uhr (nachts)
Sitzplätze Etwa 1200; im Lokal gibt es Behindertentoiletten.

Zu den großen Pluspunkten des Biergartens zählen die renommierte Gastronomie und die zentrale Lage: Direkt unterhalb der Harlachinger Einkehr (Seite 48), liegt Siebenbrunn unweit der Isarauen und mitten im Grünen. Unter wunderschönen Kastanienbäumen am Fuße des steilen Harlachinger Berges hat sich im beliebten Münchner Stadtteil Thalkirchen ein Biergarten der Oberklasse etabliert, der mit den bekannten Nachbarbiergärten durchaus mithalten kann. Ob Familie oder Single, das gemischte Publikum fühlt sich hier einfach wohl. Außerdem ist es von Siebenbrunn aus nur ein Katzensprung zum Tierpark Hellabrunn, der ja bekanntlich zu den größten Attraktionen Münchens zählt. Im Sommer gibt es täglich ab 17 Uhr Live-Musik im Biergarten. Wenn es zum Draußensitzen zu kühl wird, kann man sich ins Innere des gemütlichen Lokals zurückziehen und den Biergartenbesuch ausklingen lassen. Günstig ist auf alle Fälle die Bushaltestelle direkt vor der Tür. Wer mit dem Radl kommt, kann bequem an der Isar entlangfahren.

UNSER TIPP

Der Tierpark Hellabrunn liegt direkt nebenan und ist eine der Münchner Hauptattraktionen.

Wissenswertes

Biersorten Alle Biere von Spaten und Franziskaner
Verpflegung Ungefähr 150 Plätze mit Service und 1000 Plätze mit Selbstbedienung an den Standln oder auch für Selbstversorger
Für Kinder Großer Spielplatz

MÜNCHNER SÜDEN

34 Mangostin Asia

Warum nicht mal ein exotischer Biergarten? Bayerisches Bier und thailändische Leckereien gehen hier eine durchaus schmackhafte Viersternallianz ein.

Information

Mangostin
Maria-Einsiedel-Straße 2
81379 München, Tel. 7 23 20 31
MVV**-Anfahrt** Mit der U3 bis Haltestelle Thalkirchen und einige Minuten zu Fuß oder mit dem 57er Bus bis zum Thalkirchner Platz; Parkplätze gibt es gegenüber
Öffnungszeiten Mo bis Sa 16–24 Uhr, Sonn- und Feiertage 14–24 Uhr
Sitzplätze Etwa 500

In München gibt's schon einen griechischen und einen italienischen, ja mei, warum nicht auch einen thailändischen Biergarten. Genauer muss man eigentlich japanisch-thailändisch sagen. Denn das erfolgreiche Restaurant ist eine Mischung aus verschiedenen fernöstlichen Küchen (plus einem Lokal mit Kolonialküche). Sushi oder Frühlingsrollen zum Weißbier – so was gibt's halt nur in München. Man sitzt (auch innerlich) leicht erhöht wunderschön unter riesigen Kastanien, spürt die Isarnähe und zahlt zugegeben etwas mehr als im »normalen« Biergarten um die Ecke. Aber dafür bekommt man ja auch etwas ganz Besonderes und spürt sozusagen den exotischen Touch. Das Essen muss man sich an dementsprechend dekorierten Standln holen. Ist einmal partout kein Biergartenwetter, warten drei Lokale im Inneren des Restaurants auf Gäste. Hier kann man japanische, thailändische oder Kolonialküche versuchen. Und wem's immer noch nicht genügt, der kann sich ja beim Wienerwald gegenüber ein halbes Hendl genehmigen.

UNSER TIPP

Wer beim ersten Rendezvous (oder bei einer ähnlich wichtigen Gelegenheit) nicht wieder hungrig oder durstig von dannen ziehen will, der sollte sichergehen: Eine Reservierung kommt doppelt gut an!

Wissenswertes

Biersorten Alle Biere von Löwenbräu
Verpflegung Terrasse mit Bedienung, der Rest holt sich was an den exotischen Standln im Garten
Für Kinder Spielecke mit Schaukel und Klettergerüst

MÜNCHNER SÜDEN

35 Münchner Haupt´

Ein schöner, ruhiger Biergarten für die ganze Familie. Und für das königliche Bier muss man noch nicht einmal anstehen, es wird an den Tisch gebracht.

Information

Münchner Haupt´
Zielstattstraße 6, 81379 München
Tel. 78 69 40
www.muenchnerhaupt.de
MVV-Anfahrt Mit der S7 bis Haltestelle Mittersendling und 5 Minuten zu Fuß oder mit dem 45er Bus bis Haltestelle Zielstattstraße; 200 Parkplätze am Haus
Öffnungszeiten April bis Oktober täglich 11–23 Uhr
Sitzplätze Etwa 2500 und 180 Vollserviceplätze auf der Terrasse

Dieser Biergarten ist ein alter Bekannter in Sendling und längst kein Geheimtipp mehr. Die Münchner Haupt´ – bis Herbst 1998 hieß die Gaststätte Neue Schießstätte –, das ist nichts anderes als die traditionelle Abkürzung für die Königlich Privilegierte Hauptschützengesellschaft München von 1406, in deren wunderschönem gepflegten Park mit altem Baumbestand der Biergarten etabliert ist. Auch das Bier ist königlichen Ursprungs, nämlich von der Kaltenberger Brauerei des Wittelsbacher Prinzen Luitpold von Bayern. Ob Helles, Dunkles oder Weißbier, alles wird frisch aus dem Holzfass gezapft und noch dazu an den Tisch gebracht. An den Standln gibt es frische Hendl, Rollbraten, Spareribs und Steckerlfisch. Und die Qualität des Essens und des Bieres ist ausgezeichnet. Man sitzt hier nicht auf wackeligen Klappgarnituren, sondern auf massiven, fest verankerten Bänken und an ebenso standfesten Tischen. Wegen der großen Spielwiese und des schönen Spielplatzes ist die Münchner Haupt´ insbesondere auch ein guter Tipp für Familien mit kleinen Kindern.

UNSER TIPP

Am besten den Biergartenbesuch in einen Tagesausflug einbauen. Mit dem Radl an der Isar entlang und entweder in den Tierpark oder einfach mal von Thalkirchen nach Sendling strampeln und einen Ur-Münchner Stadtteil

Wissenswertes

Biersorten Alle Biere von der Schlossbrauerei Kaltenberg
Verpflegung Selbstbedienung an den Standln oder eigenes Essen mitbringen
Für Kinder Gut einsehbarer, schöner Spielplatz mit Spielwiese

36 Hinterbrühl

Einer der schönsten Biergärten Münchens, im grünen Herzen von Thalkirchen, mit zivilen Preisen, einem Ober-Löwen und garantiert hohem Freizeitwert.

Information

Gasthof Hinterbrühl
Hinterbrühl 2, 81479 München
Tel. 79 44 94
MVV-Anfahrt Mit der U3 bis Haltestelle Thalkirchen, dann mit dem 57er Bus bis Bad Maria Einsiedel und noch 10 Minuten zu Fuß oder mit dem 66er Bus zum Krankenhaus Martha Maria und 15 Minuten zu Fuß oder mit dem Radl entlang der Isar; wenige Parkplätze am Haus
Öffnungszeiten Täglich 9.30 – 24 Uhr
Sitzplätze Etwa 1500

Aus der einst verträumt-verschlafenen Wirtschaft ist ein perfekt organisiertes und noch dazu sehr schönes Gasthaus mit ebensolchem Biergarten entstanden. Kein Wunder, führt doch ein echter »Löwe« hier das Regiment: Der Wirt ist kein Geringerer als Ober-Löwe Karl-Heinz Wildmoser, seines Zeichens Vereinspräsident des TSV 1860 München, auch als »die Löwen« bekannt. Hinterbrühl liegt im Herzen Thalkirchens, mitten im Grünen unter altem, hohem Baumbestand nahe der Isar, mit schneeweißen Sonnenschirmen und Blick auf Isarkanal und Hinterbrühler See. Was will man mehr? Die Essenspreise sind dabei außerdem recht zivil, kein Gericht kostet über 6,95 €. Wer sich trotzdem selbst verpflegen möchte, kann das gern tun – aber ihm entgeht wirklich was.

Vom erhaben-erhöht liegenden Biergarten schaut man auf die gelegentlich vorbeirauschenden Flöße, genießt die Gaudi dabei oder füttert die Enten im See. In der Nähe befinden sich sogar ein Golfplatz und ein Campingplatz mit einer Minibadewiese.

UNSER TIPP

Ein paar Minuten zu Fuß ist es zum Maria-Einsiedel-Freibad mit warmem Becken und eiskaltem Isarkanal.

Wissenswertes

Biersorten Biere von Löwenbräu und Hacker-Pschorr
Verpflegung 500 Plätze mit Service
Für Kinder Spielplatz und Bootfahren auf dem Hinterbrühler See

MÜNCHNER SÜDEN

Ein Biergarten mit viel Atmosphäre und fairen Preisen.

37 Menterschwaige

Ein Bild von einem Ausflugsbiergarten. Direkt am wunderschönen Radweg nach Grünwald tut sich ein Paradies auf, wo es schon König Ludwig I. gefiel.

> **Information**
> Gutshof Menterschwaige
> Menterschwaigstraße 4
> 81545 München, Tel. 64 07 32
> MVV-**Anfahrt** Trambahnlinie 25 bis Menterschwaige und 5 Minuten zu Fuß
> **Öffnungszeiten** Täglich 10–22.30 Uhr
> **Sitzplätze** 2000 plus 500 bediente, mit Innenhof

Die Menterschwaige ist einer der Klassiker und einer der ältesten Biergärten in München. Die Wirtschaft des Gutshofes wird bereits im Jahr 1803 erwähnt. Sie steht inzwischen unter Denkmalschutz. Bayernkönig Ludwig I. soll hier übrigens seinerzeit seine Lola Montez zum Techtelmechtel einquartiert haben. Also ein äußerst geschichtsträchtiges Terrain, auf dem sich dieser Alt-Münchner Biergarten befindet.

Von der Lage her ist die Menterschwaige sowieso kaum zu schlagen: Hoch droben auf dem Isarhochufer thront sie über den Dächern Münchens. Der große Biergarten liegt dabei für Radler äußerst günstig am viel befahrenen Radweg entlang der Hochleite in Richtung Grünwald und auch in Richtung Waldwirtschaft Großhesselohe (siehe Seite 56). Dass er sich mitten in einem der erlesensten Wohngebiete der Stadt befindet, führte u. a. zu Protesten der Anwohner, die statt der vorhandenen 2000 nur noch 350 Plätze im Biergarten sehen wollten. Seit der friedlichen Biergartenrevolution von 1995 sind diese Pläne aber erst einmal vom Tisch. Nachmittags ist man noch unter sich, aber abends kommen die Gäste aus allen Ecken Münchens hierher, um sich zu laben, was für den anhaltend guten Ruf der Menterschwaige spricht.

Zu den Spezialitäten zählen hier die Biergartenklassiker Schweinshaxn, Grillhendl, Spareribs und Landjäger. Aber die Wirte Peter und Christian Schottenhamel und Michael Schamberger lassen sich schon immer etwas Besonderes einfallen. Unlängst kreierte der findige Koch Weißwürste aus Zander. Ob es diese oder neue Kreationen noch gibt, muss man am besten selbst herausfinden.

Zwei Bereiche sind mit Bedienung, der Rest bedient sich selbst oder bringt seine Brotzeit mit.

Bis 17 Uhr gibt es in der Menterschwaige auch Halbe, danach Bier nur im Maßkrug für ca. 6 €.

MÜNCHNER SÜDEN

Wer statt Bier lieber was Süßes will, der kann sich am Crêpesstand bedienen.

UNSER TIPP

Eine geführte Tour durch die Bavaria-Filmstudios am Geiselgasteig ist ein unvergessliches Erlebnis: »Das Boot« und »Die unendliche Geschichte« lassen grüßen.

Wissenswertes

Biersorten Alle Biere von Löwenbräu
Verpflegung 2 Bereiche mit Bedienung, der Rest holt sich selbst was an den Standln im Garten oder bringt die Brotzeit mit; bis 17 Uhr auch Halbe, danach Bier nur im Maßkrug
Für Kinder Kraxelturm, Spielschiff, Karussell

Nachmittags ist man im Biergarten der Menterschwaige noch unter sich.

MÜNCHNER SÜDEN

38 Waldwirtschaft Großhesselohe

Die gute Nachricht: Der Biergartenstreit wurde zugunsten der »Wawi« entschieden. Die schlechte: Jetzt ist dieser herrliche Biergarten noch bekannter geworden.

Information

Waldwirtschaft
Georg-Kalb-Straße 3, 82049 München
Tel. 74 99 40 30
MVV-**Anfahrt** Mit der S7 bis Haltestelle Großhesselohe/Isartalbahnhof und dann 10 Minuten zu Fuß oder mit der Trambahnlinie 25 bis zur Großhesseloher Brücke und 20 Minuten zu Fuß; Parkplätze am Haus, aber meist zu wenig; wer will: es gibt einen Parkservice, der kostet aber, also besser mit dem Radl kommen
Öffnungszeiten Biergarten täglich 10–23 Uhr, Restaurant täglich 11 bis 1 Uhr (nachts)
Sitzplätze 2000 im Biergarten, 250 auf der Terrasse

Ganz Bayern, zumindest die bayerische Volksseele, begehrte auf, als ein Bierausschankschluss um 21 Uhr ernsthaft in Erwägung gezogen wurde. Das hätte für viele Biergärten das vorzeitige Aus bedeutet. Auch die in ganz München und Umgebung beliebte Waldwirtschaft war bedroht. Diejenigen, die sie liebevoll »Wawi« nennen, haben beim großen Biergartenstreit 1995 um ihre Waldwirtschaft und in erster Linie um ihren Biergarten gezittert. Wegen der vielen Wildparker und der Lärmbelästigung hatten erboste Anlieger einen Riesenstreit um die Schließungszeiten und eigentlich generell um die Problematik von Biergärten in Wohngebieten vom Zaun gebrochen. Andere Biergärten in München waren von ähnlichen Reaktionen betroffen. Das Ergebnis war eine Art kleine Biergartenrevolution. Rund 25 000 Münchner Bürger gingen bei der »Ersten Bayerischen Biergartenrevolution« erzürnt, aber friedlich auf die Straße. Doch die Kundgebung und die nachfolgenden wochenlang erbittert geführten Diskussionen konnten erst mit einem Machtwort der Bayerischen Staatsregierung zugunsten der Biergartenfreunde beendet werden. Der Schankschluss wurde bis 23 Uhr ausgedehnt, die »Wawi« war gerettet.

Wissenswertes

Biersorten Alles Spaten-Franziskaner
Verpflegung Auf der Terrasse Service, der Rest bedient sich an den Standln oder aus dem Brotzeitkorb
Für Kinder Spielplatz mit Schiffschaukeln und Minigolfplatz

MÜNCHNER SÜDEN

In der »Wawi« ist bei gutem Wetter Open-Air-Jazz angesagt.

Die Waldwirtschaft liegt von München aus gesehen malerisch auf dem Isarhochufer, kurz vor dem Villenviertel Grünwald.

Wie der Name schon sagt, breitet sich dieser Klassiker unter den Biergärten am Waldrand aus und endet direkt vor dem Abhang zum Isartal hinunter, d.h., man hat nicht nur eine schöne, schattige Umgebung, sondern an den Tischen beim Zaun auch einen herrlichen Ausblick.

Zentrum des Biergartens ist ein kleiner Pavillon: die Bühne für Jazzgruppen, die – trockenes Wetter vorausgesetzt – täglich aufspielen.

In der Waldwirtschaft ist immer gute Stimmung angesagt, man sitzt gemütlich auf Holzbänken (ohne Plastikschirme!), das Bier und das Essen (Braten, Steckerlfisch, kalte Brotzeiten, Auszogne usw.) schmecken hervorragend, und ein bisserl »Leitschaun«, also Leute anschauen, gehört natürlich auch dazu. Für die Kinder ist bestens gesorgt, die Schiffschaukeln und der Minigolfplatz sind ein echter Hit bei den Kleinen.

Jüngste Spezialität sind Gerichte aus dem Wok im Selbstbedienungsteil. Zum Koch gehen, Tagesgericht frisch aus dem Wok mitnehmen. Super!

UNSER TIPP

Ein ausgedehnter Radlausflug an der Isar entlang, ohne Parkprobleme und mit viel Muße.

39 Brückenwirt

Man hört das Isarwasser rauschen, grüßt die Flößer bei ihrer feuchtfröhlichen Partie und genießt dabei Ruhe und Natur fern des Großstadttrummels.

Information

Gasthof Brückenwirt
An der Grünwalder Brücke 1
82049 Höllriegelskreuth-Pullach
Tel. 7 93 01 67
MVV-Anfahrt Mit der S7 bis zur Haltestelle Höllriegelskreuth und dann noch 5 Minuten zu Fuß oder mit der Trambahnlinie 25 bis zur Haltestelle Grünwald und noch 10 Minuten zu Fuß; Parkplätze am Haus
Öffnungszeiten 10–23 Uhr, kein Ruhetag
Sitzplätze Etwa 400

Die Wirtschaft des unter Denkmalschutz stehenden Brückenwirts und sein Biergarten liegen direkt an der Isar – besser gesagt am Isarkanal – malerisch unter Kastanien, Eichen und Linden. Darum legen hier die Isarflößer (von Mai bis August) gern einen Stopp auf ihrem feuchtfröhlichen Weg nach München-Thalkirchen ein. Tagsüber gibt es meistens herrlich sonnige und windgeschützte Platzln. Wem's zu heiß wird, der kann sich ja kurz im meist eisig kalten Kanalwasser abkühlen. Der Brückenwirt ist eine traditionelle altbayerische Wirtschaft mit einem kleinen Biergarten in schöner Lage. Für Freunde der Volksmusik ist ebenfalls etwas geboten: Am Freitag und Samstag stehen Theaterabende oder Stubnmusi auf dem Veranstaltungsprogramm. Empfehlenswert sind die Schmankerln aus der Küche, wie Entenbraten, Fisch- oder Wildspezialitäten. Wer danach einen Verdauungsspaziergang einlegen will, kann an der Isar entlanggehen oder zu den nahe gelegenen Burgen Schwaneck und Grünwald wandern.

UNSER TIPP

Zum ausgiebigen Sonnenbaden oder zum Grillen bieten sich die Isarauen hier geradezu an.

Wissenswertes

Biersorten Alle Biere von Löwenbräu
Verpflegung Vollservice, Brotzeit darf aber mitgebracht werden.
Für Kinder Kleiner Spielplatz mit Rutsche

MÜNCHNER WESTEN

40 Sendlinger

Ein kleines, feines und kaum bekanntes Biergartenidyll am Waldrand und trotzdem mitten in der Stadt? So etwas gibt's noch, und zwar in Obersendling.

> **Information**
> Sendlinger
> Bannwaldseestraße 13
> 81379 München, Tel. 78 58 89 27
> **MVV-Anfahrt** Mit dem 41er Bus oder U3 bis Machtlfinger Straße und dann noch 5 Minuten zu Fuß; einige Parkplätze befinden sich am Haus
> **Öffnungszeiten** 11.30 – 22 Uhr, Sa von 16.30 – 23 Uhr
> **Sitzplätze** Etwa 120

Neben all den großen Traditionsbiergärten gibt es sie noch in München, die versteckten Kleinode der Gemütlichkeit, die Oasen inmitten der hektischen Großstadt. Man könnte sie auch Nachbarschaftstreff oder Stadtteilgarten nennen, wenn sich das nicht irgendwie spießig anhören würde. Denn spießig ist das ganz und gar nicht, was sie zu bieten haben. Der Name des idyllischen Biergartens im Herzen Obersendlings, zwischen Ratzingerplatz und Südpark appelliert an den Lokalpatriotismus: »Sendlinger«. Diese Bezeichnung kommt wahrscheinlich von der Nähe zum Sendlinger Wald (Südpark). Eng nebeneinander stehende Kastanienbäume spenden hier ausreichend Schatten für die ungefähr 30 Biertische.

Hoffentlich bleibt das Sendlinger trotz dieses Biergartenführers ein echter Geheimtipp. Es wäre doch wirklich schade, wenn es schon bald die Spatzen von den Dächern pfeifen würden, dass mitten in der hektischen Großstadt. Und da dieses kleine Idyll mitten in einem Wohngebiet liegt, bitte keine aufheulenden Motoren. Die Sperrzeit musste bereits eine Stunde vorverlegt werden.

UNSER TIPP
Für einen Spaziergang bietet sich der nahegelegene Südpark an.

> **Wissenswertes**
> **Biersorten** Alle Biere von Spaten-Franziskaner
> **Verpflegung** Im Garten nur mit Bedienung; traditionelle Brotzeiten, zu empfehlen: Enten und Haxen
> **Für Kinder** Leider kein Spielplatz

MÜNCHNER WESTEN

41 Rosengarten

Vor allem an einem lauschigen Juliabend ist der Biergarten ein Sommernachtstraum – mit klassischem Livekonzert auf der Seebühne im Westpark.

Information
Rosengarten
Westendstraße 305
81377 München, Tel. 57 50 53
MVV-Anfahrt Mit der U5 zur Westendstraße oder der Trambahnlinie 18 bis Stegener Weg und noch 5 Minuten zu Fuß; großer Parkplatz an der Westendstraße
Öffnungszeiten Mo bis Fr 11–1 Uhr nachts, Sa und So ab 10 Uhr– 1 Uhr nachts
Sitzplätze Etwa 2200

Der Rosengarten macht seinem Namen alle Ehre. Der Duft unzähliger Rosensorten weht nämlich hier durch den Biergarten, der wie das ganze Westparkgelände zur IGA, zur Internationalen Gartenbauausstellung, im Jahr 1983 gehörig umgestaltet wurde. Nicht zum Nachteil, wie man feststellen kann. Herausgekommen ist eine Art Westpendant zum Ostpark mit seinem Michaeligarten (siehe Seite 37). Nein, traditionell ist er noch nicht, aber dafür wird auf vielerlei modischen Schnickschnack wie Plastikschirme verzichtet – und wer weiß, in 50 Jahren ... Von der Anhöhe des Rosengartens haben Besucher jedenfalls jetzt schon einen schönen Blick auf den See im Westpark und über das ehemalige IGA-Gelände – ideal nach einem Freizeittag im Park mit Faulenzen, Sonnen, Radln, Skaten, Feder-, Volley-, Fußballspielen oder nach einer Veranstaltung (siehe Tipp).

An einem schönen Sommerabend fragt man sich nur, was denn all die Leute machen würden, hätte es seinerzeit nicht die IGA und die Planung für den Rosengarten gegeben.

UNSER TIPP
Hochkarätige und abwechslungsreiche Vorstellungen (Konzerte, Ballett, Theater) sind sommers auf der Seebühne zu bewundern.

Wissenswertes
Biersorten Alle Biere von Paulaner
Verpflegung Im Garten nur mit Selbstversorgung an den Standln; eigene Brotzeit mitbringen ist gestattet.
Für Kinder Ein großer Abenteuerspielplatz gleich nebenan

42 Hopfengarten

Eine Westparkalternative zum Rosengarten, vor allem für die, die nach dem Biergartenbesuch noch auf ein Konzert in die Rudi-Sedlmayr-Halle gehen wollen.

Information

Hopfengarten
Siegenburger Straße 43
81373 München, Tel. 7 60 88 46
MVV-Anfahrt Mit dem 33er Bus bis Haltestelle Siegenburger Straße und dann noch ein paar Minuten zu Fuß; großer Parkplatz an der Rudi-Sedlmayr-Halle
Öffnungszeiten Täglich 10 – 23 Uhr
Sitzplätze Etwa 1500

Im Grunde genommen wäre alles vorhanden, was einen richtigen Münchner Biergarten ausmacht: Unter Kastanien mit hölzernen Biertischen um einen sauberen Maibaum gruppiert breitet sich der stattliche Hopfen- (Bier-) Garten im Gebiet des östlichen Westparks aus. Und doch weist diese Bieroase im Vergleich zum Rosengarten einen gravierenden Nachteil auf: Der Blick fällt weder auf Rosenbeete noch auf eine Seebühne, sondern auf die »spacige« Architektur der Rudi-Sedlmayr-Halle (Raumschiff Orion lässt grüßen). Der Biergarten ist – siehe Rosengarten – ebenfalls ein Produkt der IGA-Planungen und hat zum Alteingesessenendasein halt einfach noch ein paar Jahre hin. Aber er liegt verkehrstechnisch zentral, ist deshalb gut erreichbar und für Besuche vor dem Liveauftritt einer Musikgruppe in der Rudi-Sedlmayr-Halle die ideale Anlauf- und Tankstation. Und noch etwas spricht für ihn: Man bekommt fast immer problemlos einen Platz, und auf die frische Maß wird auch nicht so lange gewartet wie anderswo.

Wissenswertes

Biersorten Alle Biere von Löwenbräu
Verpflegung Hier bedient man sich an den Standln im Garten selbst oder bringt die eigene Brotzeit mit
Für Kinder Spielplatz mit großem Sandkasten

UNSER TIPP

Entweder (für Kenner und Könner) eine Runde auf der Sommerstockbahn schieben oder durch den Westpark radeln, Wiesen, Hügel, Wäldchen, Seen und die japanische Pagode besuchen.

43 Waldheim

Im Oldiegewand entpuppt sich der alteingesessene Biergarten neuerdings als recht trendige Adresse mit frischem Schwung und eigener Internetseite.

Information

Waldheim
Waldheim 1, 81377 München
Tel. 71 60 65
MVV-Anfahrt Mit der U6 bis Klinikum Großhadern und mit dem 34er Bus bis Haltestelle Zöllerstraße; 150 Parkplätze am Haus
Öffnungszeiten Wochentage ab 10.30 bis 22.30 Uhr, Wochenende und Feiertage ab 9.30 Uhr
Sitzplätze Etwa 2500

Im Biergarten der über 100 Jahre alten Traditionswirtschaft ist es ruhiger geworden: Man sitzt längst nicht mehr an der einst viel befahrenen, lauten Straße, die zur Freude der Besucher einem Fuß-/Radweg gewichen ist. Das Waldheim erreicht man also auch bequem per pedes oder mit dem Fahrrad.

Die Besitzer bauen auf den Trend zur so genannten Unterhaltungsgastronomie, auf »Food, Entertainment & Fun«. Im Biergarten geht's aber wie ehedem recht gemütlich zu. Immerhin reichen die Ambitionen der Wirtsleute – ihnen gehört auch das Forsthaus Kasten (siehe Seite 94) – bis zur eigenen, alle zwei bis drei Monate erscheinenden Veranstaltungszeitung »Wildschwein Echo«. Also, wer später die Sau rauslassen will, sollte sich erst einmal bei einer Maß in aller Ruhe in die Szenenachrichten einlesen. Der Rückblick auf die vergangenen Jahre ist recht vielversprechend: Von der Karibik Night über Cuba Libre Party bis Macarena Summer wird im Waldheim nichts ausgelassen. Und wenn wir schon dabei sind: Das Waldheim hat sogar seine eigene Website im Internet.

UNSER TIPP

Den Biergarten vom Waldheim/Forsthaus Kasten gibt's auch im Internet unter www.waldheim.de mit Infos über aktuelle Veranstaltungstermine, Menüs, mit Wegbeschreibung und Reservierungsmöglichkeit.

Wissenswertes

Biersorten Alles von Hacker-Pschorr
Verpflegung Selbstservice an den Standln (auch Exotisches) oder Selbstversorgung
Für Kinder Gut einsehbarer Spielplatz

MÜNCHNER WESTEN

44 Einkehr Zur Schwaige

Bei Fürstenriedern erfreut sich der jung gebliebene Traditionsbiergarten großer Beliebtheit. Besucher des Fürstenrieder Schlosses schätzen die Lage.

Information

Einkehr Zur Schwaige
Forst-Kasten-Allee 114
81475 München, Tel. 7 59 19 68
MVV-Anfahrt Mit der U3 bis zur Endhaltestelle Fürstenried-West oder mit dem 34er Bus bis Haltestelle Appenzeller Straße und ein paar Minuten zu Fuß; Parkplätze am Haus
Öffnungszeiten Mo bis Fr Selbstbedienung 14 – 22 Uhr, Sa und So 10 – 22 Uhr
Sitzplätze Etwa 500

Tausende rasen täglich auf der Autobahn in Richtung Garmisch, ohne zu wissen, dass es beim Fürstenrieder Schloss einen kleinen, aber nichtsdestotrotz sehr lohnenswerten Biergarten zu entdecken gibt. Vor über zehn Jahren wurde die alte Traditionswirtschaft gründlich renoviert – besser gesagt: wurde aus einer Ruine, die mal ein Gasthof war, wieder ein solcher. Heute präsentiert sich die neue Einkehr Zur Schwaige im modernen Gewand. Manch einem Alteingesessenen erscheint es zu modern. Im nun vergrößerten Biergarten sind halt leider nicht mehr nur alte Kastanienbäume, die das Flair vergangener Tage verbreiten. Da gilt es, noch ein bisserl zu warten, bis die vor kurzem gepflanzten Schattenspender richtig ausgewachsen sind. Dafür kann man sagen, dass man hier immer ein sonniges Platzerl findet. Ihre eingefleischten Anhänger hat die Einkehr auf jeden Fall, und die Fürstenrieder möchten ihren Biergarten auf keinen Fall missen. Eine echte Attraktion ist der ewig lange Stammtisch, an dem gut und gern 50 Gäste (nicht nur Stammtischler) Platz finden.

UNSER TIPP

Bei einem Besuch des Fürstenrieder Schlosses auf den Spuren von König Otto, dem Bruder König Ludwigs II.

Wissenswertes

Biersorten Alle Biere von Spaten
Verpflegung Teils mit Service, Selbstbedienung an den Standln oder mit eigenem Brotzeitkorb kommen
Für Kinder Nur Spielwiese, kein Spielplatz

MÜNCHNER WESTEN

45 Hirschgarten

Er ist mit 8000 Sitzplätzen der wahrscheinlich größte Biergarten der Welt. Erstaunlich dabei, wie gut der Massenansturm bewältigt wird.

Information

Königlicher Hirschgarten
Hirschgarten 1, 80639 München
Tel. 17 25 91
www.hirschgarten.de
MVV-**Anfahrt** S-Bahn bis Laim (alle Linien außer S7) und zu Fuß über Wotanstraße oder Trambahnlinien 16/17 bis Roman- bzw. Steubenplatz; Parkplätze oft belegt
Öffnungszeiten Täglich 9–24 Uhr, ganzjährig bei entsprechendem Wetter.
Sitzplätze Etwa 8000

Die große Wirtschaft mit dem noch größeren Biergarten heißt eigentlich ganz offiziell Königlicher Hirschgarten, befanden sich doch hier in der Nähe schon zu König Ludwigs Zeiten das Nymphenburger Schloss, der Schlosspark und eben die Gehege, die die Hirsche für die zahlreichen Jagden beherbergten.

Was gibt es Schöneres, als an einem herrlichen Sommertag durch die weitläufige, von Kanälen durchzogene Parkanlage mit ihrem Barockgarten nach französischem Vorbild zu spazieren und sich anschließend, fast schon majestätisch, an einem der Tische im nahe gelegenen Hirsch-(Bier-)garten niederzulassen? Die Frage, ob hier jemals der »Kini« seine Maß getrunken hat, sei einmal dahingestellt. Tatsache ist, dass der Hirschgarten ein Biergarten für das Volk ist. Hier sitzt schon mal der Herr Direktor neben einem Journalisten oder die Frau Stadträtin neben einer Friseuse, und die junge Familie freut sich über das große Angebot für Kinder. Faktum ist auch, dass es an schönen Sommertagen, wenn der größte Biergarten Münchens, Bayerns oder vielleicht der ganzen Welt so richtig voll ist, dann richtig »brummt«. Wenn wirklich alle 8000 (!) Sitzplätze besetzt sind, an jedem Tisch die Maßkrüge aneinander scheppern,

Wissenswertes

Biersorten Augustiner, Herzogliches Brauhaus Tegernsee, Kaltenberg
Verpflegung Spezialität: Fleisch und Würste kommen aus der hauseigenen Metzgerei; Bedienung an gedeckten Tischen, Selbstbedienung oder Selbstverpflegung
Für Kinder Spielplatz mit Kettenkarussell, Spielwiese, Wildgehege, Spielzeugstand

MÜNCHNER WESTEN

ein riesiges Orchester von Stimmen die Luft mit einem unwahrscheinlichen Rumoren erfüllt, dann wird der Hirschgarten zu einem gigantischen Gesamtkunstwerk der Sinne. Die Hirsche und Rehe im Gehege nebenan haben sich offenbar an das Getöse gewöhnt. Liegt seine ungebrochene Popularität nun am Bier (Augustiner-Edelstoff), an einer noch zu erforschenden Art von Magnetismus im magischen Dreieck zwischen Nymphenburg, Neuhausen und Laim oder einfach am ganzen Ambiente? Eine Antwort bleiben wir hier schuldig, denn wir meinen, das kann nur jeder für sich selbst herausfinden.

Wie es sich für einen Volksbiergarten gehört, gibt es für jeden Geschmack die richtige Abteilung: einmal die etwas vornehmere Ecke mit gedeckten Tischen, Service und Sonnenschirmen, dann die Holztische für Selbstversorger, die sich ihre Kalorien am Standl holen und sich's unter altem Baumbestand gemütlich machen, und zu guter Letzt natürlich die Möglichkeit, sich im Selbstversorgerbereich mit der mitgebrachten Brotzeit breit zu machen. Dazu der Hinweis: Fleisch und Würste kommen aus der hauseigenen Metzgerei, und für Freunde von Brotzeiten (Obazda) oder Süßem (Auszogne) gibt es eine Riesenauswahl. Noch eine Spielregel: Die Maßkrüge muss man sich selber holen und zum Ausschank tragen.

UNSER TIPP

Für Kinder: Das Museum für Mensch und Natur nördlich vom Schloss. Oder durch den Nymphenburger Park flanieren oder sich das Schloss anschauen.

So was gibt´s nur in München: Biergarten und Hirsche.

MÜNCHNER WESTEN

46 Schlosswirtschaft Freiham

Adel verpflichtet: Der gutbürgerliche Biergarten mit Adeligen als Besitzern lädt mit romantischem Ambiente und Köstlichkeiten aus der Steiermark.

Information

Schlosswirtschaft Gut Freiham,
Freihamer Allee 21,
81249 München, Tel. 87 57 88 44
MVV-Anfahrt S5 bis Neuaubing oder Harthaus, 20 Minuten zu Fuß
Öffnungszeiten 11–24 Uhr, Mo Ruhetag
Sitzplätze 400 Plätze, 300 bediente und 100 für Selbstversorger

»Schlosswirtschaft« oder »Gut Freiham« lassen zunächst Assoziationen wie superedel, vornehmes Ambiente vermuten. Die Fassade des Landschlösschens von 1680 sieht zwar vornehm aus, doch dahinter verbirgt sich eine Gaststätte und ein Biergarten, die eher in der Kategorie »gemütliches Traditionsgasthaus« zu finden sind. Also nur keine Schwellenangst: Alles hier ist gutbürgerlich, obwohl die Wirtsfamilie von Wumbrand-Stuppach von altem österreichischen Adel ist. Sie kommt genauer gesagt aus der Steiermark.
Die Schlosswirtschaft Freiham liegt in der Freihamer Allee von einer schönen Wald- und Feldlandschaft umgeben, ist also auch für die Radltour zu empfehlen. Der Biergarten selbst verbirgt sich hinter viel Grün und unter einem dichten Kastaniendach. Mit Einbruch der Dämmerung flackern Fackeln im Biergarten und romantische Windlichter auf den Tischen. Köstlichkeiten wie Hirschgulasch oder die kräftige Tafelspitzbrühe mit Leberspätzle werden aufgetischt. Die Salate sind natürlich mit steirischem Kürbiskernöl verfeinert. An etwa 100 Tischen ist es übrigens erlaubt, seine eigenen Spezialitäten mitzubringen.

UNSER TIPP

Ein Ausflug mit dem Rad entlang der Würm – da liegen mindestens vier Biergärten (u. a. der hier erwähnte) auf der Route.
P. S. Die Schlossgaststätte war zum Jahresbeginn 2003 geschlossen. Wiedereröffnung unbestimmt.

Wissenswertes

Biersorten Hacker-Pschorr
Verpflegung Bayrisch-Deftiges vom Grill, aber auch Spezialitäten aus der Steiermark
Für Kinder Spielplatz mit Rutsche, Schaukel und Kletterturm

47 Fasanerie

Ein bildschöner Biergarten im Hartmannshofer Park. Wo einst der Kurfürst auf Fasane schoss, sitzen heute Bürgerliche ganz friedlich bei ihrer Maß.

Information

Fasanerie
Hartmannshofer Straße 20
80997 München, Tel. 1495607
MVV-Anfahrt Mit der S1 bis Moosach oder mit der S2 bis Obermenzing, dann mit dem 77er Bus bis Haltestelle Fasanenstraße; Parkplatz vor dem Biergarten
Öffnungszeiten Täglich 11–23 Uhr
Sitzplätze Etwa 1400

Der Name »Fasanerie« geht auf Kurfürst Max Emanuel zurück, der, neben drei anderen Stellen rund um München, auch hier in Moosach zum Zwecke der Jagd eine Fasanenzucht einrichtete. Die Fasanerie gehörte damals zum Hof von Schloss Nymphenburg und lieferte auch noch später für die königlich-bayerischen Jagden Fasane. Die Sache mit dem Fasanenjagen hörte 1915 auf, doch das Wirtshaus blieb. Heute noch sieht man ihm das Höfisch-Herrschaftliche an. Gasthaus und Biergarten liegen mitten im Hartmannshofer Park, und es ist nur ein kurzer Spaziergang bis zum Botanischen Garten und zum Nymphenburger Schlosspark. Weitab vom Verkehr findet der Besucher hier ein Idyll auf dem Lande und doch nahe der Großstadt.

Auch Familien sind hier gut untergebracht, Kinder können sich auf Spielplatz und Spielwiese austoben. Ein Biergarten wie aus dem Bilderbuch in herrlicher, ruhiger Lage am Waldrand und mit einer Reihe vorzüglicher Gerichte, vom Gyros über Wildspezialitäten bis zu Typischem wie Spareribs und Steckerlfisch.

UNSER TIPP

Spazieren Sie durch den nahen Botanischen Garten mit seinen bis zu 14 000 Pflanzenarten. Besonders empfehlenswert ist das im Juni, wenn die Rhododendren in voller Blüte stehen.

Wissenswertes

Biersorten Alle Biere von Hofbräu
Verpflegung Auf der Terrasse mit Service, sonst Selbstbedienung am Standl oder Selbstversorgung
Für Kinder Gut einsehbarer Spielplatz mit Spielwiese

48 Insel-Mühle

Wo einst Korn gemahlen wurde, wird heute Bier gezapft und der Feierabend mit deftigen Braten und Happy-Hour-Preisen eingeläutet.

Information

Biergarten an der Insel-Mühle
Von-Kahr-Straße 87
80999 München
Tel. 8 10 10
MVV-Anfahrt Mit der S2 bis Allach und mit dem 177er, 75er oder 76er Bus bis Haltestelle Friedhof Untermenzing; 50 Parkplätze an der Oberen Mühlstraße, 900m stadtauswärts rechts.
Öffnungszeiten Täglich 11–23 Uhr
Sitzplätze Etwa 800

Die Insel-Mühle, besser gesagt der Biergarten an der Insel-Mühle, wie der beliebte Freilufttreff offiziell heißt, ist eine ehemalige Kornmühle. Die Geschichte dieser Untermenzinger Mühle reicht bis ins 15. Jahrhundert zurück. Nach dem Bau des Nymphenburger Schlosses wurde jedoch ein Teil des Wassers in den Schlossgarten umgeleitet, so dass die Mühle nicht mehr voll genutzt werden konnte. Im Jahre 1702 verkaufte der Kurfürst als Hofmarksherr die Mühle an den damaligen Müller. Nach mehreren Besitzerwechseln stellte die Mühle im Jahre 1923 ihren Betrieb ein. Bereits damals wurde eine Gaststätte und ein Familienbad eingerichtet. 1971 erwarb der letzte Kühleisfabrikant das Anwesen und stellte bis 1977 mit Wasserkraft Kühleis her. Danach verfiel das denkmalgeschütze Ensemble. In den Achtziger Jahren erwarb es ein Bauunternehmer und baute das Anwesen zu einem Nobelhotel um. Seit 1987 ist auch der Biergarten wieder eröffnet.

Wo früher einmal die Würm das Mühlrad antrieb, plätschert heute der Bach direkt an den Tischen im Freien vorbei. Ein Geheimtipp ist die Mühle zwar längst nicht mehr, auch haben sich inzwischen einige Plastikensembles und Kunststoffstühle breit gemacht, aber für typisches Biergartenfeeling ist hier immer noch Platz genug. Charakteristisch für den Biergarten sind die vielen schattigen Plätze unter uraltem Baumbestand oder großen Son-

Wissenswertes

Biersorten Alle Biere von Hofbräu
Verpflegung Selbstbedienung an den Standln, teilweise Selbstversorgung erlaubt
Für Kinder Spielplatz

MÜNCHNER WESTEN

Unter dem lauschigen Blätterdach ist es gemütlich.

nenschirmen. Nicht nur bei Menzingern beliebt, wird die Insel-Mühle auch von vielen Radlern aus entfernt liegenden Stadtteilen angesteuert. Um den Kalorienverlust dabei wieder wettzumachen, gibt es für Hungrige Schweinshaxe im Schwergewichtsformat, resche Grillhendln und saftige Spareribs. Löblich ist die Happy-Hour-Initiative von Montag bis Freitag mit Preisen von anno dazumal: Bis 17 Uhr kostet die Maß ca. 3,60 € und die Breze ca. 3 €.

UNSER TIPP

Wer sich einen Tag Zeit nimmt, kann den Biergartenbesuch in der Insel-Mühle mit einer schönen Radltour die Würm entlang verbinden, kilometerweit, egal ob von Süden oder von Norden her. von So ist das Allacher Freibad nur 10 Minuten entfernt, dort drängen sich keine Leute, das Areal ist so groß, dass man sogar Ball spielen kann. Für Kinder gibt es eine Hüpfburg und für die etwas größeren Kinder Tischtennisplatten. Wer lieber in einem Natursee badet, fährt weiter zum Waldschwaigsee.

> MÜNCHNER WESTEN

49 Zum Alten Wirt

Wie der Name schon andeutet, eine Wirtschaft mit Jahrhunderte währender Tradition. Im Biergarten setzt man ganz auf Bedienung, Selbstbedienung und mitgebrachte Brotzeit sind hier nicht angesagt.

Information

Zum Alten Wirt Obermenzing
Dorfstraße 39, 81247 München
Tel. 8 11 15 90
MVV-Anfahrt Mit dem 73er oder 76er Bus bis Haltestelle Pippinger Straße oder mit dem 75er bis Wöhlerstraße, dann noch ein paar Minuten zu Fuß; Parkplatz vor dem Biergarten
Öffnungszeiten 8–22 Uhr, Di Ruhetag
Sitzplätze Etwa 400

Nicht mit dem Alten Wirt Forstenried (Seite 92) oder dem Alten Wirt in Ramersdorf (Seite 90) verwechseln! Die Obermenzinger haben es wirklich nicht leicht. Zu groß ist die Auswahl an Biergärten allein in ihrem Viertel. Dabei spielt der Gasthof Zum Alten Wirt im ehemaligen Dorf Obermenzing (seit langem zu München gehörig) schon seit 500 Jahren eine gewichtige Rolle als Wirtschaft. Neben Kirche und Maibaum legt man hier heute noch Wert auf gute alte Traditionen, wie sie die zahlreichen Stammgäste schätzen. Natürlich hat sich der Biergarten auch in Münchner Kreisen herumgesprochen, und so hat man sich wohl auf spezielle Bedürfnisse eingestellt und setzt nur noch auf Tische mit Bedienung. Unter weißen Sonnenschirmen sitzt der Gast nun im lauschigen Wirtsgarten und lässt sich die bayerischen Schmankerln, vom Tellerfleisch bis zur Haxe, eben ganz bequem servieren. Dies tut seiner Laune allerdings keinen Abbruch, ganz im Gegenteil, denn bis weit nach Sonnenuntergang wird hier gemütlich beieinander gesessen und geratscht. Aber Achtung: Das letzte Bier wird beim Alten Wirt, zumindest im Biergarten, um 22 Uhr ausgeschenkt!

UNSER TIPP

Von hier ist es nicht weit zum Nymphenburger Schlosspark mit Schloss und Parkburgen.

Wissenswertes

Biersorten Alle Biere von Löwenbräu
Verpflegung Sämtliche Plätze mit Bedienung, keine Selbstverpflegung
Für Kinder Spielplatz mit Schaukel

MÜNCHNER WESTEN

50 Landsberger Hof

Ein altgedienter Biergarten, der trotz zunehmenden Verkehrs die Stellung hält und mit guter Küche und Augustiner-Edelstoff nicht nur Stammgäste anlockt.

Information

Landsberger Hof
Bodenseestraße 32, 81243 München
Tel. 88 18 05
MVV-Anfahrt Mit der S-Bahn oder der Trambahnlinie 19 bis Pasing oder mit den Bussen 34 und 71 bis Haltestelle Scapinellistraße; wenige Parkplätze vor dem Biergarten, dafür beschilderter Parkplatz auf der anderen Seite der Bodenseestraße
Öffnungszeiten Täglich 10–24 Uhr
Sitzplätze Etwa 900

In Pasings Westen kann man nicht gerade von einer Biergartenkonzentration sprechen. Daher wirkt der gediegene Landsberger Hof für manchen alten Pasinger wohl heute noch wie eine Oase. Eine Oase der Ruhe kann man den Biergarten leider nicht nennen, trennen ihn doch von viel frequentierten Hauptverkehrsadern nur wenige Meter. Hecken, Bäume und Sträucher versuchen als Schallschutz ihr Bestes. Tipp: Am Sonntagmittag ist etwas weniger Verkehr. Die Holzbänke und Tische sind fest montiert und von hohen Gräsern und Farnen, die aus Holzbottichen wachsen, eingerahmt. Einige der Tische sind bis zu 20 Meter lang und eignen sich damit sogar für Familien- oder Firmenfeste. Da der Landsberger Hof einer der größten Biergärten im Münchner Westen ist, verteilt sich die Menschenmenge auch bei größerem Ansturm doch meistens auf dem Areal. Und um in Ruhe sein Augustiner-Edelstoff zu sich zu nehmen, findet sich immer ein gemütliches Platzl.

UNSER TIPP

Ungefähr 30 Minuten zum Schloss Blutenburg spazieren, wo man sich dann im nächsten (Mini-)Biergarten wieder stärken kann.

Wissenswertes

Biersorten Alle Biere von Augustiner
Verpflegung Teilweise mit Service, sonst Selbstbedienung am Standl, oder mit eigenem Brotzeitkorb anreisen
Für Kinder Gut einsehbarer, großer Spielplatz

51 Aubinger Einkehr

Das ist ein Biergarten, wie er sein soll: Alles, was man erwartet, ist da, auf alles Überflüssige wird verzichtet. Die Neuaubinger haben es genau richtig gemacht.

Information

Aubinger Einkehr
Gößweinsteinplatz 7, 81249 München
Tel. 87 55 81
MVV-**Anfahrt** Mit der S5 bis Neuaubing oder dem 72er Bus von Pasing bis Altenburgstraße, dann noch 5 Minuten zu Fuß; einige Parkplätze vor dem Biergarten
Öffnungszeiten Täglich 10 bis 22.30 Uhr (Ausschank), Ende 23 Uhr
Sitzplätze Etwa 1100

Ganz im Westen von München, dort, wo die Besiedelung schon etwas dünner wird, dafür Wald und Wiesen zunehmen, liegt Neuaubings ganzer Stolz. Zumindest in punkto Biergarten. Der traditionelle Freilufttreff ist weit genug von der Bodenseestraße entfernt und wird von Mauern und Hecken gut genug geschützt, um als ruhiger Stadtteilbiergarten durchzugehen. Überwiegend Kastanien spenden Schatten für die meisten der maximal 1100 Gäste, die sich mehrheitlich aus dem Münchner Westen rekrutieren. Aus der Stadt verirren sich eher selten Besucher, aber wenn sie kommen, dann bleiben auch sie rundum zufrieden bis zum Zapfenstreich (letztes Bier um 22.30 Uhr). Die Einkehr in Aubing hat alles, was ein Biergarten braucht: Es gibt klassische bayerische Küche, die Bedienung ist freundlich und die Atmosphäre gastlich. Die Wirtschaft verzichtet auf neumodischen Schnickschnack (Sektbar, Cocktails o. Ä.) und überzeugt vor allem durch noch äußerst humane Preise fürs Bier, für die Haxe oder für den Krustlbraten. Für den großen Hunger empfehlen wir Spareribs, für den kleinen Appetit Salate, Kräuterquark mit Pellkartoffel oder Apfelkücherl.

UNSER TIPP

Ein ausgedehnter Spaziergang in der Aubinger Lohe lohnt sich auf jeden Fall: Hier gibt es einen Naturlehrpfad und einen Umweltwanderweg.

Wissenswertes

Biersorten Alle Biere von Löwenbräu, Spaten
Verpflegung Auf der Terrasse (100 Plätze) mit Bedienung, im Biergarten Selbstbedienung am Standl oder Selbstversorgung
Für Kinder Gut einsehbarer, kleiner Spielplatz

MÜNCHNER WESTEN

Da, wo de Aubinger hockn, ko´s so schiach net sei.

> MÜNCHNER UMGEBUNG

52 Alte Villa

Der Biergarten gilt als einer der schönsten. Und wo kann man sonst im Park einer Jugendstilvilla seine Maß trinken und vorher eine Runde schwimmen?

Information

Alte Villa
Seestraße 32
86919 Utting am Ammersee
Tel. 0 88 06/6 17
www.alte-villa-utting.de
MVV-Anfahrt Mit der S5 bis Herrsching, dann mit dem Linienschiff (Weiß-blaue Kombikarte) weiter bis Utting und 2 Minuten Fußmarsch; mit dem Auto über Lindauer Autobahn (A96, Ausfahrt Schondorf/Utting) und auf der B12 bis Utting, Richtung Campingplatz; dort auch Parkplätze
Öffnungszeiten Täglich 11–22.30 Uhr
Sitzplätze 800 im Biergarten und 900 bediente Plätze auf der Terrasse

Badesee und Biergarten ist immer wieder eine Volltrefferkombination. Vor allem an heißen Sommertagen sehnen wir uns einfach nach dem kühlen Nass – egal, ob in der äußerlichen oder in der innerlichen Anwendung. Von der Alten Villa ist das Badegelände des Ammersees nicht weit entfernt, und für kühle Getränke wird im Biergarten reichlich gesorgt. Wie der Name vermuten lässt, steht in einem parkartigen Areal eine alte Jugendstilvilla, die ein nicht ganz billiges Feinschmeckerrestaurant beherbergt. Draußen sitzt man, bei eher volksnahen Preisen, ganz leger in gemütlicher Biergartenatmosphäre unter fast 150 Jahre altem Baumbestand im herrlich verwilderten Park und genießt bayerische Schmankerlnfeinkost. Der Wochenendverkehr tobt derweil in weiter Ferne. Nach dem Bad setzt man sich in aller Ruhe mit seiner Maß Hellem oder einem König-Ludwig-Dunkel in den Schatten und kann so auch noch den heißesten Sommertag ganz relaxed genießen. An jedem Sonntag und Feiertag von 11–14 Uhr und an jedem Samstag von 17–19 Uhr spielt im Biergarten eine Jazz- oder Dixieband auf.

UNSER TIPP

Mit einem Schiff der weiß-blauen Flotte zu fahren macht immer Spaß, vor allem wenn's zu einem Biergarten geht.

Wissenswertes

Biersorten Alle Biere von Kaltenberg
Verpflegung Selbstbedienung an den Standln, oder man bringt sich seine Brotzeit selbst mit
Für Kinder Gut einsehbarer Spielplatz mit Spielwiese

MÜNCHNER UMGEBUNG

Villa, See, Biergarten, Schatten – Sommer, du kannst kommen!

MÜNCHNER UMGEBUNG

53 Bräustüberl Dachau

Wo schon Ludwig Thoma die Aussicht und das Bier genoss, treffen sich heute die Dachauer, um bei einem Thoma-Märzen das Andenken an den populären bayerischen Literaten zu wahren.

Information

Bräustüberl Dachau
Schlossstraße 8, 85221 Dachau
Tel. 0 81 31/66 64 55
MVV-**Anfahrt** Mit der S2 bis Dachau und zu Fuß in 45 Minuten zum Biergarten oder per Bus Richtung Altstadt und Schloss; mit dem Auto auf der B 304 nach Dachau und dann zum Schloss
Öffnungszeiten Täglich durchgehend 10–24 Uhr
Sitzplätze Etwa 800

Hoch oben auf dem Schlossberg von Dachau hat man einen schönen Blick auf die Altstadt und den mindestens ebenso reizvollen Anblick des Biergartens vor Augen. Dort saß vor gut 100 Jahren kein Geringerer als Ludwig Thoma, der uns die »Lausbubengeschichten« hinterließ.
Der legendäre Dichter und Schriftsteller war als Rechtsanwalt in Dachau tätig, was als Anlass genommen wurde, nach ihm ein Bier zu benennen. Wer also hier bei seinem »Thoma« sitzt, weiß sich quasi auf historischem Boden – von den Wittelsbachern, die nebenan im Schloss residierten, mal ganz abgesehen. Der Biergarten, zwischen Maibaum und Bräustüberl, macht einen ordentlichen Eindruck. Gemütlich sitzt man unter alten Buchen und Linden, gelegentlich unter modernen Sonnenschirmen. Zu Thomas Zeiten ging es hier noch beschaulich zu, aber die Dachauer von heute haben Geschmack daran gefunden, in Scharen den steilen Schlossberg zu erklimmen und sich hier mit einer Maß und mit bayerischen Bierspezialitäten für den Aufstieg zu belohnen.

UNSER TIPP

Vom alten Schloss der Wittelsbacher steht noch ein barocker Trakt, in dem heute ein nobles Restaurant untergebracht ist. Ebenfalls sehenswert ist die Dachauer Altstadt.

Wissenswertes

Biersorten Alle Biere von der Brauerei Schlossberg-Dachau, Ludwig-Thoma-Märzen und Franziskaner-Weißbier
Verpflegung Servicebereich sowie Selbstbedienung am Standl
Für Kinder Spielplatz mit Rutsche

54 Bräustüberl Weihenstephan

In Freising residiert seit Jahrhunderten die hohe Schule des professionellen Bierbrauens. Im Biergarten testet so mancher Amateur ganz ohne Bierernst seinen Wissensstand.

Information

Bräustüberl Weihenstephan
Weihenstephan 1, 85354 Freising
Tel. 0 81 61/130 04
-**Anfahrt** Mit der S1 bis Freising und mit dem Bus oder zu Fuß etwa 30 Minuten zum Biergarten; mit dem Auto über die A 92 bis Freising-Süd, dann B 11, in Freising links, am Ortsschild Vötting links Richtung Uni
Öffnungszeiten Täglich 10–23 Uhr
Sitzplätze Etwa 1000

Gleich vorweg der wichtigste Tipp: Lieber mit der S-Bahn oder dem Radl kommen, denn die Biere haben es wirklich in sich. Wer Weihenstephan besucht, bekommt spätestens im Biergarten oder im Bräustüberl mit, dass man sich auf kulturhistorischem Boden bewegt. Denn, so nimmt man zumindest stark an, hier befand sich im Jahr 1040 die allererste Brauerei der Welt. Seither wird in Weihenstephan das Bierbrauen wissenschaftlich betrieben. Auch der Nachwuchs der Bierbrauer kommt an diesem Ort nicht vorbei. Im noch überschaubaren Wirtsgarten kann man unter immerhin acht verschiedenen Bieren, darunter vier Weißbiersorten, wählen. Internationale Küche ist im Bräustüberl nicht angesagt, hier geht es streng regional zu. Als Grundlage für das gute Bier empfehlen sich diverse Braten oder eine Portion Obazda. Die spezielle Mischung aus Camembert, Butter, Zwiebeln, Paprika und Kümmel wurde 1920 von der Bräustüberlwirtin Anna Müller erfunden und nach ihrem Originalrezept in Weihenstephan angerührt (»obazd«). Dazu eines der verschiedenen Weißbiere probieren und den Blick von der Terrasse weit über die Hügel schweifen lassen.

UNSER TIPP

Für Ausdauerradler aus München gilt: immer an der Isar entlang direkt bis zum Mekka des Bieres.

Wissenswertes

Biersorten Acht Biere der Bayerischen Staatsbrauerei Weihenstephan
Verpflegung Die eine Hälfte mit Bedienung, die andere mit Selbstbedienung am Standl oder mit Selbstversorgung
Für Kinder Spielplatz

55 Forsthaus St. Hubertus

Eine ruhige Waldwirtschaft mitten im Ebersberger Forst mit sehr guten Wander- und Radlmöglichkeiten. Besonders unter der Woche ein echter Hit.

Information
Forsthaus St. Hubertus
Im Ebersberger Forst
85560 Ebersberg, Tel. 0 80 92/85 22 00
MVV-Anfahrt Mit der S5 bis Ebersberg, dann am besten mit dem Radl zum Biergarten; oder mit dem Auto über Wasserburger Landstraße bis Ebersberg, nach dem Ortsausgang durchs Gewerbegebiet und auf Schotterstraße durch den Forst; großer Parkplatz
Öffnungszeiten Täglich 10–24 Uhr, So 11–24 Uhr
Sitzplätze Etwa 600

Hier sagen sich sonst Fuchs und Hase gute Nacht, wären da nicht die 100 Jahre alte Wirtschaft und der Biergarten. Er liegt auf der Wiese einer Lichtung mitten im Ebersberger Forst. Für Familien mit Kindern ist hier ein Dorado – schon allein der große Abenteuerspielplatz verschafft dem Biergarten auch viele kleine Fans. Für Einsamkeitsfanatiker empfiehlt sich besonders der Besuch an einem Mittag unter der Woche, denn dann ist hier nicht viel los. Die himmlische Ruhe und die gute Waldluft sind eindeutig Pluspunkte im Vergleich mit Münchner Biergärten. Zudem breitet sich rund um das Forsthaus ein ideales Wanderrevier aus. Wer samt dem Radl mit der S-Bahn aus München anreist, kann beispielsweise in Zorneding aussteigen und quer durch den Ebersberger Forst strampeln. Wer will, kann auf dem Weg auch noch den Biergarten der Hohenlindener Sauschütt (siehe Seite 93) ansteuern.

Ein märchenhafter Geheimtipp, der so richtig verwunschen mitten im Wald um eine kleine Hexenhäuslwirtschaft liegt.

UNSER TIPP
Die Hohenlindener Sauschütt liegt nur etwa fünf Kilometer vom Forsthaus St. Hubertus entfernt.

Wissenswertes
Biersorten Alle Biere von der Privatbrauerei Schwaiger
Verpflegung Auf der Terrasse mit Bedienung, sonst Selbstversorgung am Standl; Brotzeit mitbringen ist erlaubt
Für Kinder Großer, gut einsehbarer Abenteuerspielplatz

56 Kraillinger Brauerei

Ein ordentliches Angebot am Grillstand, die Nähe zur Würm und der große Spielplatz haben dem Biergarten einen Platz in den Herzen gesichert.

Information

Kraillinger Brauerei
Margaretenstraße 59, 82152 Krailling
Tel. 8 57 17 18
MVV-Anfahrt Mit der S6 bis Planegg (von hier 20 Minuten Fußmarsch) oder mit den Buslinien 967 und 969 bis Haltestelle Mitterweg bzw. Bräuhausstraße; mit dem Auto über die Lindauer Autobahn (A96), Ausfahrt Unterpfaffenhofen-Germering, weiter über Planegg-Krailling; es gibt einige Parkplätze vor dem Haus
Öffnungszeiten Täglich 11–23 Uhr
Sitzplätze 2500 plus 120 auf der Terrasse

Wo sich die Würm malerisch durch die Landschaft windet, hat sich ein Biergarten etabliert, der zwar keinen großen Namen trägt, aber in der bierseligen Freiluftszene rund um München durchaus mithalten kann. Zum Glück ist er auch noch nicht überlaufen. Eine ganze Armada an fest installierten, also wackelfreien Biertischen und Bänken sorgt auch an Wochenenden für ein ausreichendes Platzangebot. Das Bier (Hell, Dunkel, Weißbier) kommt vom Ingolstädter Herrenbräu und wird in Krailling frisch aus dem Holzfass gezapft. Es findet zunehmend Anhänger, die sich unter den hohen Kastanien von Jahr zu Jahr wohler fühlen. Für das leibliche Wohl seiner Gäste fühlt sich Wirt Peter Schweizer verantwortlich, der neben dem üblichen Bratenangebot auch Schweinswürstl und Halsgrat auf dem Grill brutzeln lässt. Peter Schweizer betreibt zusätzlich auch das Pe. Es. Kottmeier (siehe Seite 92) in Planegg. Der Kraillinger Biergarten ist auf dem Weg, im Münchner Südwesten zur festen Größe zu werden.

UNSER TIPP

Für Kinder ein Hit: Schlauchbootfahren auf der Würm und dann ab auf den Superspielplatz.

Wissenswertes

Biersorten Alle Biere von Herrenbräu
Verpflegung Teilweise mit Service (120 Plätze), sonst Selbstbedienung am Standl; Brotzeit mitbringen ist erlaubt
Für Kinder Großer Spielplatz

MÜNCHNER UMGEBUNG

57 Klosterbrauerei Andechs

Auf dem »heiligen Berg« ist das ganze Jahr über Starkbierzeit angesagt. Wegen der enormen Beliebtheit des Klosterbiers ist der Besuch vor allem unter der Woche zu empfehlen.

> **Information**
>
> Klosterbrauerei Andechs
> Bergstraße 9, 82346 Andechs
> Tel. 0 81 52/9 30 90
> MVV-**Anfahrt** Mit der S5 bis Herrsching, mit dem 951er Bus zum Kloster oder zu Fuß auf dem markierten Wanderweg durchs Kiental; mit dem Auto von Herrsching hinauf nach Erling und Andechs; großer Parkplatz
> **Öffnungszeiten** Täglich 10–23 Uhr
> **Sitzplätze** 300 im Wirtsgarten und 300 im Biergarten

Das Kloster Andechs im Hinterland des südöstlichen Ammersees ist für viele (Bier-)Gläubige eine Art Wallfahrtsort. An sommerlichen Wochenenden begibt sich eine wahre Völkerwanderung auf den »heiligen Berg«. Bei so einem Ansturm mag sich schon mal der Gedanke aufdrängen, ob hier die Fremdenverkehrsstrategen nicht zu gut gearbeitet haben. Unzählige Busladungen von Touristen aus ganz Deutschland und allen Ländern der Erde werden zum Kloster Andechs gekarrt. Zugegeben, ein Großteil der Besucher interessiert sich wirklich für die absolut sehenswerte Klosterkirche. Der bildschöne Rokokobau ist in der Tat Ziel vieler Wallfahrten. Hier ist das Grab von Carl Orff, und die vielen riesigen gestifteten Kerzen kann man in einem Seitenraum bewundern (u. a. die weißblaue des TSV 1860 München für den Wiederaufstieg in die Bundesliga). Seit 1455 gibt es das Kloster Andechs, und seit der Zeit brauen die rührigen Benediktinermönche ihr eigenes Bier. Doch nur wenige wissen, dass es im Grunde der Schlitzohrigkeit der bayerischen Mönche (u. a. der Mönche aus Andechs) zu verdanken ist, dass die so genannten heiligen Biere, die »Atore«, also die Starkbiere, erfunden wurden. Denn der starke

> **Wissenswertes**
>
> **Biersorten** Alle Biere von der Klosterbrauerei Andechs, beispielsweise Dunkler Doppelbock vom Fass (gibt's nicht an Sonn- und Feiertagen)
> **Verpflegung** Selbstbedienung an den Standln in der Wirtschaft; dort holt man sich auch das Bier; Brotzeit darf mitgebracht werden
> **Für Kinder** Spielplatz neben dem Biergarten

MÜNCHNER UMGEBUNG

Zünftige Brotzeit mit »Manna« und Starkbier.

und hochprozentige, aber auch nahrhafte Gerstensaft wurde nur von den Mönchen erfunden, um das kirchliche Fastengebot, das die Einnahme fester Speisen streng untersagte, auf angenehme Weise zu umgehen. Bis heute erfreuen sich die beliebten Starkbiere wie Salvator oder Animator großer Beliebtheit, und dies nicht nur bei den Mönchen. Die Klöster wie Andechs blieben bis zum heutigen Tag geheiligte Orte der Braukunst, was übrigens jeder gern bei einer Maß Doppelbock nachprüfen kann. Die hervorragende Qualität und der gute Geschmack der Andechser Biere haben sich mittlerweile (fast) in der ganzen Welt herumgesprochen, und an sehr »guten« Wochenenden gehen schon ein paar tausend Maß die Kehlen hinunter.

Unter der Woche ist der Ansturm nicht ganz so groß, und die Chance auf ein sonniges Platzl steigt. An Wochenenden zwischen Ostern und Anfang Oktober wird übrigens der berühmte Doppelbock nicht ausgeschenkt – der vielen Unfälle von Motorradfahrern und Autofahrern wegen. Den süffigen Bergbock und das leichtere Helle Spezial gibt es die ganze Woche über. Hinsichtlich Aussicht und Ambiente sitzt man am schönsten im Biergartenteil etwas unterhalb des Bräustüberls. Da schmecken die weithin gelobten Schweinshaxn fast noch mal so gut.

UNSER TIPP

Mit der S-Bahn nach Herrsching und von da nach Andechs radeln oder durchs Kiental hinaufwandern.

58 Kugler-Alm

Die Waldwirtschaft im Perlacher Forst hat sich als Ausflugsadresse einen guten Namen gemacht. Wo einst das »Radler« erfunden wurde, kommen heute viele mit dem Radl.

> **Information**
> Kugler-Alm
> Linienstraße 93, 82041 Deisenhofen
> Tel. 6 13 90 10
> www.kugleralm.de
> MVV-**Anfahrt** Mit der S2 bis Deisenhofen, dann mit dem Radl zum Biergarten oder in ein paar Minuten zu Fuß; mit dem Auto nach Oberhaching und den Schildern folgend bis zum großen Parkplatz
> **Öffnungszeiten** Täglich 10–23 Uhr
> **Sitzplätze** 2500 im Biergarten plus 260 mit Bedienung auf der Terrasse

Die nach einem Brand vor einigen Jahren komplett zerstörte Gaststätte wurde wieder im alten Stil aufgebaut. Das ruhig am Waldrand von Deisenhofen liegende Wirtshaus ist schon seit vielen Jahren ein beliebtes Ausflugsziel für viele Münchner, die auch von weit abgelegenen Stadtteilen mit dem Auto, der S-Bahn oder dem Radl anreisen. Kein Wunder, denn die Kugler-Alm ist ein historisch lebendiger und in der Biergartengeschichte Münchens wichtiger Platz. Die Geschichte des alteingesessenen Gasthauses im Münchner Süden geht auf den Gleisarbeiter Franz Xaver Kugler zurück, der vor etwa 100 Jahren an der Gleisverbindung München-Holzkirchen arbeitete. Kugler ärgerte sich nach einer Weile über gewisse Versorgungslücken im Bereich Brotzeit und Bier. So begann er sich um einen mobilen Biernachschub zu kümmern.

Nachdem der gute Franz Xaver die Bierversorgung bestens organisiert hatte, begann er über eine Art Kantine für die Gleisarbeiter nachzudenken. Nur kurze Zeit später eröffnete er am Waldrand neben dem Bahndamm eine kleine Wirtschaft, die er später zu einem Waldrestaurant vergrößerte. Historisch verbürgt ist auch seine Erfindung der Radlermaß. Das kam so: An einem heißen

> **Wissenswertes**
> **Biersorten** Alle Biere von Spaten-Franziskaner
> **Verpflegung** Teilweise mit Service, sonst Selbstbedienung in der Standlstraße; die eigene Brotzeit darf mitgebracht werden
> **Für Kinder** Gut einsehbarer Spielplatz

MÜNCHNER UMGEBUNG

Dies ist nur eine Teilansicht; es warten auch schattige Plätze unter Kastanien.

Tag im Sommer 1922 drohte dem Kugler Xaver das Bier auszugehen, und so musste er gezwungenermaßen Bier mit Limo verdünnen, ohne zu ahnen, dass diese bis dato verpönte Mischung zu einem Kultgetränk avancieren sollte. Die Radlermaß war damit erfunden und erfrischt bis zum heutigen Tag nicht nur durstige Radler.

Sprichwörtlich kann man die Kugler-Alm heutzutage als Radlerwirtschaft bezeichnen, denn die Verbindungen auf Radwegen durch den Perlacher Forst sind ausgezeichnet. Inzwischen ist die Kugler-Alm ständig erweitert worden und zu einem großen Anwesen mit einem ebenso weitläufigen Biergarten gewachsen. Gut organisiert, bewältigt der gastronomische Betrieb auch den schlimmsten Massenandrang, der vorzugsweise an Wochenenden stattfindet, und sorgt dafür, dass die Wartezeiten an den Selbstbedienungsstellen nicht zu lang werden. Sehenswert ist der riesige Holzofengrill, auf dem eine breite Palette an Schmankerln brutzelt – für jeden Geschmack ist das Richtige dabei.

UNSER TIPP

Mit dem Radl von München-Harlaching durch den Perlacher Forst.

59 Liebhard's Bräustüberl

Auf der Biergarten-Beliebtheitsskala der Münchner stehen die Bilderbuchwirtschaft und der Garten auf dem Dorfplatz von Aying ganz weit oben.

Information

Liebhard's Bräustüberl zu Aying
Münchner Straße 2, 85653 Aying
Tel. 0 80 95/13 45
www.liebhards-aying.de
MVV-Anfahrt Mit der S7 bis Aying, dann noch 10 Minuten Fußmarsch; mit dem Auto über die Salzburger Autobahn (A8) bis Ausfahrt Hofoldinger Forst und weiter nach Aying; einige Parkplätze beim Haus vorhanden
Öffnungszeiten Täglich von 10–1 Uhr (nachts), Biergarten bis 23 Uhr
Sitzplätze Etwa 500

Ein Biergarten mit edlen Getränken aus der eigenen Brauerei, das ist, da immer seltener, schon etwas ganz Besonderes. Das frisch aus Eichenfässern gezapfte Ayinger-Bräu-Bier und das unfiltrierte Dunkle schmecken in dem bildschönen Wirtsgarten so verlockend gut, dass man vielleicht vor der Anreise klären sollte, wer nachher zurückfährt – oder man kommt am besten gleich mit der S-Bahn oder dem Radl. Vor allem, weil es das Bier nur in Maßkrügen gibt! Der Biergarten unter den acht steinalten, ewig hohen Kastanien bildet quasi den Ortskern von Aying. Da er unweit des Maibaums, also auf dem Dorf- und Kirchplatz (mit Bilderbuch-Zwiebelturm) liegt, kann man den malerisch mit Efeu umrankten Hof selbst als Neuling nicht verfehlen. Leider gehört Aying zu den Top-Ten-Ausflugszielen der Münchner, besonders wenn's ums Bier geht. Daran änderte auch der Wirtswechsel vor sieben Jahren nichts. Aus der alten Ayinger Brauereischänke wurde Liebhard's Bräustüberl. Fürs leibliche Wohl besonders empfehlenswert sind Spareribs, Haxn und Hendl vom Grill.

UNSER TIPP

Von Aying zum Kastensee bei Kastenseeon radeln – das ist ein schöner Ausflug von 20 Kilometern, Alpenpanorama inklusive.

Wissenswertes

Biersorten Alle Biere von Ayinger Bräu
Verpflegung Teils mit Service, sonst Selbstbedienung am Standl (empfehlenswert ist das Salatbuffet); Selbstversorgung ist auch erlaubt
Für Kinder Einsehbarer Minispielplatz

# 60 Obermühlthal

Wo früher Dampfloks durchs Würmtal schnauften, gleitet heute die S-Bahn bis direkt vor die Tür des ansonsten lauschigen und angenehm ruhigen Biergartens.

Information

Wirtshaus Obermühlthal
82319 Starnberg, Mühlthal
Tel. 0 81 51/85 85
-**Anfahrt** Mit der S6 bis Mühlthal, dann noch 200 Meter zu Fuß; mit dem Auto über die Lindauer Autobahn (A96) bis Ausfahrt Gräfelfing und weiter über Planegg und Stockdorf nach Mühlthal; Parkplatz vorhanden
Öffnungszeiten Täglich 11 – 23 Uhr
Sitzplätze Etwa 500

Etwa auf halber Strecke zwischen Gauting und Starnberg steht ein altes Forsthaus mitten im Wald. Schon vor über 100 Jahren wurde es als Ausflugswirtschaft gebaut. König Ludwig III. soll hier sogar ein Königszimmer gehabt haben. Später hat man das urig-gemütliche Gasthaus in eine Bahnhofsgaststätte umgewandelt. Mit der S-Bahn – die Haltestelle Mühlthal ist direkt vor der Tür – kamen die Ausflügler. Aus dem ehemaligen Forsthaus ist nun eine blitzsaubere Wirtschaft mit einem wunderbar ruhigen (von gelegentlichen S-Bahnen mal abgesehen) Biergarten geworden. Das Obermühlthal bietet sich für einen kombinierten S-Bahn-Radl-Ausflug geradezu an. Und das haben inzwischen auch schon recht viele Münchner gemerkt. Besonders am Wochenende ist der Biergarten sehr gut besucht. Neben dem Maßkrugklirren und dem Rauschen im Blätterwald ist an Wochenenden und an Feiertagen häufig Jazzmusik zu hören. Die Livebands heizen dann am Samstag ab 17 Uhr, an Sonn- und Feiertagen in der Regel schon ab 12 Uhr mittags ein.

UNSER TIPP

Sehr schön ist eine Radltour durchs malerische Würmtal oder der Spaziergang nach Leutstetten mit seinem Biergarten (siehe Seite 86).

Wissenswertes

Biersorten Alle Biere von der Schlossbrauerei Kaltenberg, König-Ludwig-Dunkel
Verpflegung Teilweise mit Bedienung, sonst Selbstversorgung am Standl; Brotzeit selbst mitbringen ist ebenfalls erlaubt
Für Kinder Kleiner Spielplatz

MÜNCHNER UMGEBUNG

61 Schlossgaststätte Leutstetten

Ein wahrlich majestätischer Platz, den sich der Königlich-Bayerische Biergarten da ausgesucht hat. Prinz Ludwig von Bayern lässt schön grüßen.

Information

Schlossgaststätte Leutstetten
Altostraße 11, 82319 Starnberg-Leutstetten, Tel. 0 81 51/81 56
www.schlossgaststaette-leutstetten.de
MVV-**Anfahrt** Mit der S6 bis Mühlthal und noch 15 Minuten Fußmarsch; mit dem Auto über die Garmischer Autobahn (A95) bis Ausfahrt Starnberg, dann Richtung Gauting bis zur Abzweigung nach Leutstetten; meist zu wenig Parkplätze beim Haus
Öffnungszeiten Täglich 10–1 Uhr
Sitzplätze Etwa 600

Das königlich-bayerische Bier fließt hier in Strömen aus den dickbauchigen Holzfässern. Die Maß wird garantiert frisch gezapft, und einen Platz haben wir bis jetzt auch immer gefunden, auch wenn's am Wochenende oder am Abend zuweilen eng werden kann. Der Leutstettener Biergarten ist bei Münchnern äußerst beliebt, vielleicht weil die Fahrt übers Land an einem lauen Sommerabend im offenen Cabrio bei diversen Beifahrerinnen immer gut ankommt. Vielleicht liegt es aber auch an der erlauchten

Mit dem »Theater am Hof« wartet eine echte Attraktion auf.

MÜNCHNER UMGEBUNG

Das nennt man Brotzeiten auf dem höchstem Niveau.

Nachbarschaft von Prinz Luitpold von Bayern, der mit Prinzessin Irmingard im nahen Wittelsbacher Schloss residiert.
Nicht umsonst trägt der idyllische Wirtsgarten den Titel »Königlich-Bayerischer Biergarten«, denn die Kaltenberger Schlossbrauerei wird von Prinz Luitpold von Bayern geführt – und nur Kaltenberger Biere werden hier angeboten. Die schmackhaften Schmankerln holt man sich aus der Wirtschaft, oder man lässt sich auf der Promiterrasse bedienen und fühlt sich ein bisserl wie Seine Hoheit persönlich.

UNSER TIPP

Ein Besuch des Theaters am Hof im Nebengebäude (Mai bis Juli, Do und Fr).

Wissenswertes

Biersorten Alle Biere von Kaltenberg
Verpflegung Auf der Terrasse mit Service, sonst Selbstbedienung am Standl, oder die eigene Brotzeit mitbringen
Für Kinder Wenig Platz zum Spielen, dafür preisgünstige Kindergerichte

MÜNCHNER UMGEBUNG

62 Oberschleißheim

Ein Fünfsternegenuss für die ganze Familie. Für den Besuch der prachtvollen Schlossanlage in Oberschleißheim und des einmaligen Biergartens sollte man sich einen Tag gönnen.

Information

Schlosswirtschaft Oberschleißheim
Maximilianshof 2
85746 Oberschleißheim
Tel. 3 15 15 55
www.schlosswirtschaft-oberschleissheim.de
MVV-Anfahrt Mit der S1 bis Oberschleißheim, dann noch ein paar Minuten zu Fuß; mit dem Auto über die Lerchenauer Straße nach Feldmoching/Oberschleißheim bis zum Schloss; großer Parkplatz vor dem Schloss
Öffnungszeiten Täglich 10–23 Uhr
Sitzplätze Etwa 1000

Kenner trauen dem prächtigen Oberschleißheimer Königsschloss durchaus den Vergleich mit Versailles zu. Der wahre Patriot kennt das französische Vorbild sowieso nur vom Hörensagen. Was wir unseren französischen Nachbarn aber garantiert voraushaben, ist der Biergarten direkt beim Schloss – so was gibt's halt nur in Bayern. Wo einst Herzog Wilhelm V. residierte, baute sein Sohn Maximilian I. das wunderschöne Alte Schloss mit einer Wirtschaft fürs Personal. Unter den hohen Kastanien sitzen heute ganz normale Bürgerliche und erfreuen sich des herrlichen Anblicks von Schloss und Park. Wer alles in Ruhe anschauen und danach gemütlich sein Hofbräu frisch vom Fass genießen will, der sollte sich am besten gleich einen Tag Zeit nehmen und vielleicht sogar mit dem Radl herkommen. Mit Gattin und Schwiegermama durch den Schlosspark flanieren oder mit dem Sohnemann auf der Schlosswiese bolzen und danach die g'schmackigen Gerichte aus der Wirtschaft probieren – was will Mann mehr?

UNSER TIPP

Hier bietet sich ein Schlossbesuch an, oder man geht in die Flugwerft Oberschleißheim, eine Dependance des Deutschen Museums.

Wissenswertes

Biersorten Alle Biere von Hofbräu
Verpflegung Auf der Terrasse mit Bedienung, sonst Selbstbedienung vom Standl oder Selbstverpflegung mit eigener Brotzeit
Für Kinder Kleine Spielecke und große Spielwiese

MÜNCHNER UMGEBUNG

63 Zum Fischmeister

Die schöne Lage direkt am Starnberger See wurde ihm zum Verhängnis: Er ist inzwischen endgültig zum Szenebiergarten geworden. Trotzdem lohnt sich ein Besuch dort allemal.

Information

Zum Fischmeister
Seeuferstraße 31, 82541 Ambach
Tel. 0 81 77/5 33
MVV-Anfahrt Mit der S6 bis Starnberg, dann mit Bus oder Linienschiff (Weiß-blaue Kombikarte) bis Ambach; mit dem Auto über die Garmischer Autobahn (A95) bis zur Abfahrt Starnberg, von Percha über Kempfenhausen, Berg und Ammerland oder Münsing nach Ambach; wenige Parkplätze
Öffnungszeiten Mi bis Fr 16 – 24 Uhr, Sa, Sonn- und Feiertage 12 – 24 Uhr, Mo und Di Ruhetage
Sitzplätze Etwa 150

Der Fischmeister, von Insidern auch »Bierbichler« genannt, ist ein Szenebiergarten geworden, auch wenn er's nicht gern hören mag. Münchner pilgern am Wochenende in Scharen dorthin, und unter der Woche wird auch noch schnell nach Feierabend rausgedüst. Aber man muss dafür auch wirklich Verständnis haben, denn so einen wunderschönen Platz in so einer phantastischen Lage direkt am See und mit den romantischsten Sonnenuntergängen weit und breit – so was gibt es kein zweites Mal. Die Medienszene mag den Biergarten, weil über der Wirtschaft immer noch die Aura des Schauspielers und Filmemachers Herbert Achternbusch liegt, der hier verkehrte. Die Bierliebhaber mögen vor allem das süffige Kaltenberger oder das Budweiser vom Fass. Außerdem gibt es sogar Biobier und einige feine italienische Tropfen – weiß und rot. Die Romantikerszene steht, wie gesagt, auf Seeblick und Abendrot. Und den anderen Gästen gefällt's einfach, weil's »schee is«.

UNSER TIPP

Das Erholungsgebiet Ambach beginnt 1,5 Kilometer südlich vom Fischmeister. Mit anderen Worten: Baden, Sonnen, Surfen, Grillen ...

Wissenswertes

Biersorten Biere von Schlossbrauerei Kaltenberg, Budweiser, Unertl-Weißbier und Bio-Zwickl-Bier
Verpflegung Vollservice, nur die Getränke mit Selbstbedienung vom Standl, keine Selbstverpflegung
Für Kinder Kein Spielplatz

... 37 weitere Biergärten

■ Münchner Innenstadt

64 Tassilogarten
Auerfeldstraße 18
81541 München, Tel. 4 48 00 22
Ein typischer Münchner Stadtteilwirtsgarten zwischen Au und Haidhausen. Grün und idyllisch mit einem herrlichen Besuchermix – vom Studenten bis zum Businessman. Tram 15 bis Regerplatz.

65 Biergarten an der Muffathalle
Zellstraße 4
81667 München
Tel. 45 87 50 73
Mit der Öffnungszeit bis 1 Uhr nachts hat der Biergarten natürlich schon mal ein Plus. Der Biergarten bietet 300 Plätze, teils unter Schirmen, teils in der Sonne. Das Bier wird aus Hofbräufässern gezapft, die Fleischspezialitäten sind aus ökologischer Tierhaltung. Sandkasten für die Kleinen, Spielplatz für die Großen 150 m entfernt. Alle S-Bahnen bis Rosenheimer Platz, dann einige Minuten zu Fuß, Tram N 17 und 18.

■ Münchner Norden

66 Brauhaus zur dicken Sophie
Johanneskirchner Straße 146
81929 München, Tel. 9 29 60 74
Promis und Normalos lassen sich´s hier bei Ayinger-Bier, Schweinsbraten oder Scampi gut gehen. Etwa 500 Plätze. Flughafen-S-Bahnlinie S8 bis Johanneskirchen, 100 Meter zu Fuß.

■ Münchner Osten

67 Zamdorfer
Schwarzwaldstraße 2a
81677 München
Tel. 91 69 21
Zwischen Cocktails und Dirndl swingen Junge und Junggebliebene ein Prosit auf die Gemütlichkeit. Knödl, Zander und Franziskaner-Weißbier – wohl für jeden was dabei. Bus 89 bis Moselstraße oder 91 bis Schwarzwaldstraße.

■ Münchner Süden

68 Alter Wirt Ramersdorf
Aribonenstraße 6
81669 München, Tel. 6 89 18 62
Neben der Wallfahrtskirche kurz vor der Auffahrt zur Salzburger Autobahn steht das 300 Jahre alte Wirtshaus mit dem schön schattigen Biergarten. Bisserl laut. U2 bis Karl-Preis-Platz und Buslinien 95 und 96 bis Ramersdorf.

69 Floßlände
Zentralländstraße 10
81379 München, Tel. 74 29 97 15
In Isarnähe am Standl Fischschmankerln holen und sich im versteckten Biergarten sauwohl fühlen. U3 bis Thalkirchen und zu Fuß bis zur roten Meerjungfrau am Eingang.

WEITERE BIERGÄRTEN

70 Gasthaus Zum Hirschen
Sollner Straße 43
81479 München, Tel. 7 49 83 50
100 Jahre alte Wirtschaft mit großem Wirtsgarten (ca. 450 Plätze) vom Wirtepaar des Brunnwart (Seite 23). Alles etwas vornehmer, keine Selbstbedienung. S7 bis Solln und 1 Minute zu Fuß.

71 Grünwalder Einkehr
Nördliche Münchner Straße 2
Grünwald, Tel. 6 49 23 04
Es muss nicht immer die »Wawi« sein. Wer´s steirisch (Wirtin aus der Steiermark) mit einer guten Portion Münchner Schickimickiszene mag, ist hier richtig. Brotzeit mitbringen ist verpönt. Tram 25 bis Robert-Koch-Straße.

72 Wirtshaus zum Isartal
Brudermühlstraße 2
81371 München, Tel. 77 21 21
Asiatisch, mexikanisch, bayerische Schmankerln. Dazu Live-Jazzsound (Donnerstag), Kino im Biergarten bei schönem Wetter. Alles andere als ein stinknormaler Biergarten – und dazu noch Augustiner-Edelstoff! U3 bis Brudermühlstraße und 5 Minuten zu Fuß.

■ Münchner Westen

73 Villa Flora
Hansastraße 44
81373 München, Tel. 54 71 75 75
Vom Schrebergarten in den Biergarten (ca. 900 Plätze) neben der toskanisch anmutenden Villa. Günstige Maß im Steinkrug, aber Verkehrsgebrummel. Momentan angesagter Treff. U4/5 oder S7 bis Heimeranplatz, zu Fuß weiter.

74 Prinzregent-Garten
Benedikterstraße 35
81241 München, Tel. 8 20 27 60
Durst löschen unterm dichten Kastanienschirm. Selbstbedienung oder Brotzeit mitbringen. 600 Sitzplätze. Tram 19 bis Westbad oder S-Bahn bis Pasing, weiter mit Bus 72 bis Benedikterstraße.

75 Jagdschloss
Alte Allee 21
81245 München, Tel. 82 08 20
Hinter dem jagdschlossähnlichen Gasthof versteckt sich ein schöner Wirtsgarten (400 Plätze) mit günstigen Preisen. Hauptsächlich mit Bedienung. S-Bahn bis Pasing, weiter mit Bus 73/173 bis Rubensstraße.

76 Wirtshaus zum Grünen Baum
Verdistraße 47
81247 München, Telefon 81 08 93 14
Trotz Verdistraße bleibt der idyllische Biergarten der Leib- und Magenwirtschaft der Obermenzinger (seit Frühjahr 2000 im neuen Glanz erstrahlt) vom Autolärm verschont. Augustiner aus dem Holzfass (!) auch im Selbstbedienungsbereich. Brotzeit mitbringen erlaubt, sonst Haxn, Hendl – oder mal ein Entenpfandl mit Reiberdatschi? S2 bis Obermenzing.

WEITERE BIERGÄRTEN

77 Deutsche Eiche
Ranertstraße 1
81249 München
Tel. 8 64 90 00
»Wir bieten Jahreszeitliches, Bärlauch im April, dann Spargel, dann Schwammerl...«, erklärt die Wirtin. Wer reserviert, bekommt unter Kastanien einen schön gedeckten Tisch. S8 bis Lochhausen, dann einige Minuten zu Fuß.

78 Alter Wirt Forstenried
Forstenrieder Allee 187
81476 München, Tel. 7 45 54 60
Die vermutlich billigste Maß Münchens (bis 18 Uhr). Leider etwas laut. 450 Plätze. U3 bis Forstenrieder Allee und Bus 69 bis Forstenried oder 10 Minuten zu Fuß.

79 Erdinger Weißbiergarten
Heiglhofstraße 13
81377 München, Tel. 7 19 43 00
Schattige Plätze für eine gemütliche Maß (nicht nur Weißbier!). Reichlich gute Gerichte oder auch Selbstbedienung ab 17 Uhr. U6 bis Klinikum Großhadern.

80 Pe. Es. Kottmeier
Bräuhausstraße 18
Planegg, Tel. 89 93 00 30
Kein typischer Biergarten, keine Selbstversorgung, kein Spielplatz, aber hübsche Platzerln direkt an der Würm. Wer will, kann dort noch nach Mitternacht eine Caipirinha schlürfen. S6 bis Planegg oder Bus 967 bis Bräuhausstraße.

81 Heide Volm
Bahnhofstraße 51
Planegg
Tel. 8 57 20 29
Geteilte Meinungen: »Des is koaner«, sagen die einen, »des is a scheener«, die anderen. 1400-Plätze-Biergarten von dem Wiesnwirt Willi Heide. Unbedingt anschaun! S6 bis Planegg, direkt neben dem S-Bahnhof.

■ Münchner Umgebung
Norden

82 Zur Mühle Ismaning
Kirchplatz 5
Ismaning, Tel. 96 09 30
Gasthaus in alter Mühle, seit über 100 Jahren im Familienbesitz, und dazu der moderne Wirtsgarten mit Maibaum. Im Ortszentrum am Bach. S8 bis Ismaning.

83 Mühlenpark Garching
Mühlgasse 48
Garching, Tel. 3 20 49 75
Einfach, aber stimmungsvoll mit Mühlrad im Mühlbach und rauschendem Wasser. Holzbänke und günstige Preise. U6 Garching-Hochbrück.

84 Waldrestaurant Bergl
Bergl 1
Oberschleißheim, Tel. 3 15 01 05
Alternative zur Schlosswirtschaft (Seite 88). Idyllisch mit Bach und Pferden. Familienbetrieb. Haxn aus eigener Metzgerei. 600 Plätze, S1 Oberschleißheim.

WEITERE BIERGÄRTEN

85 Plantage
Plantage 2
Freising, Tel. 0 81 61/ 6 31 55
Hier sitzt man wunderbar mitten im Wald, ohne großen Rummel. Oase zum Verweilen. Mit Spielplatz. 1A Obazda! S1 Freising, dann per Rad weiter. Walderlebnispfad

86 Schlosswirtschaft Mariabrunn
Gut Mariabrunn 3
Mariabrunn, Tel. 0 81 39/86 61
Eigene Brauerei mit traumhaftem Biergarten (ca. 800 Plätze), Grillschmankerln und Steckerlfisch; alte Kastanien spenden Schatten. Brotzeit erlaubt! Nur ein paar Schritte, und man hat ein phantastisches Panorama. S2 bis Röhrmoos.

87 Postmeister
Hauptstraße 24
Unterschweinbach, Tel. 0 81 45/9 48 78
Noch ein Geheimtipp nordöstlich von Maisach. Hat alles, was ein Biergarten braucht: urige Wirtschaft, Kastanienbäume, Brotzeitstandl, Schweinsbraten, Spielplatz. S8 bis Maisach, per Rad weiter.

Münchner Umgebung – Osten
88 Heimstettener See
Am Heimstettener See
Aschheim, Tel. 9 03 16 97
Badesee mit Biergarten – oder umgekehrt. Ayinger Bier auf etwa 500 schattigen Holzbankplätzen, dazu klassische oberbayerische Schmankerln. Mit Spielplatz und Tischtennisplatten. Donnerstag geschlossen. S6 bis Feldkirchen.

89 Gasthof Grub
Parsdorfer Straße 5
Poing-Grub, Tel. 0 81 21/9 03 23 36
Kleiner, weniger bekannter Biergarten mit uriger Hütte für Grillfeste. Gedeckte Tische, Spezialität: gegrillte Surhaxe. Etwas Verkehrslärm stört das Idyll. Dafür ideale Lage am Bahnhof Grub der S6.

90 Hohenlindener Sauschütt
Sauschütt 1, im Ebersberger Forst
Hohenlinden, Tel. 0 81 24/71 07
Märchenhaft mitten im Wald. Wer knuspert denn da an meiner Breze? Im Hexenhäuserl (Gastwirtschaft) einen Schnaps oder lieber im Biergarten (ca. 600 Plätze) brotzeiteln? S5 Ebersberg, S6 Erding, Bus 445 bis Sauschütt.

Münchner Umgebung – Süden
91 Gasthaus zur Mühle
Mühlthal 10
Straßlach, Tel. 0 81 78/36 30
Ein Kleinod direkt am Isarwehr. Autos nicht erlaubt. Innen urig und uralt, draußen gemütlich. Köstliches, deftiges Essen. Schön zum Wandern. S7 Höllriegelskreuth, dann mit dem Rad.

92 Klosterbräustüberl Schäftlarn
Ebenhausen-Schäftlarn
Tel. 0 81 78/36 94
Wenn die Lage nicht wär: zwischen Kloster und Isarauen. Das Ambiente lockt nicht, ist aber für Radler ein beliebtes Ziel (Route entlang der Isar) – oder mit der S7 bis Ebenhausen-Schäftlarn.

WEITERE BIERGÄRTEN

■ Münchner Umgebung
Westen

93 Marthabräukeller
Augsburger Straße 41
Fürstenfeldbruck, Tel. 0 81 41/2 54 90
Bodenständige Preise (1100 Plätze, schon 1840 erwähnt). S4 bis Fürstenfeldbruck.

94 Forsthaus Kasten
Im Forstenrieder Park
Gauting, Tel. 8 50 03 60
Ausflugsbiergarten im Forstenrieder Park. Holzofenbrot; Spielplatz. S6 Stockdorf, 3 Kilometer zu Fuß.

95 Tutzinger Keller
Midgardstraße 3–5
Tutzing, Tel. 0 81 58/12 16
Direkt am See mit Steckerlfisch, Badewiese und Spielplatz. S6 Tutzing oder Schiff von Starnberg.

96 Schlossgaststätte Hohenberg
Seeshaupt
Tel. 0 88 01/626
Dirkt am Starnberger See. Zwar nicht direkt per S-Bahn erreichbar, dafür mit dem Schiff. Rarität: alte Holzkegelbahn. Per Bahn bis Seeshaupt, dann 3 Kilometer zu Fuß.

97 Alter Wirt Etterschlag
Inninger Straße 6
Etterschlag, Tel. 0 81 53/82 82
Die Stammgäste schwören hier auf Spareribs. Spielplatz. S5 bis Gilching-Argelsried, mit Bus 952 nach Etterschlag.

98 Augustiner am Wörthsee
Strandbad Fleischmann
Steinebach, Tel. 0 81 53/99 03 66
Ein Augustiner-Edelstoff und eine mitgebrachte Brotzeit – oder lieber feine bayerische Kost im Bilderbuch-Biergarten? S5 bis Steinebach.

99 Bräustüberl Schloss Seefeld
Schlosshof 4c
Seefeld, Tel. 0 81 52/9 91 20
Biergarten im Schlosshof. Köstlichkeiten und selbst gebrautes Bier. S5 bis Seefeld-Hechendorf, dann noch 1 Kilometer zu Fuß.

100 Seehaus Schreyegg
Landsberger Straße 78
Stegen am Ammersee, Tel. 0 81 43/80 86
Direkt am Ammersee. Daher Renken probieren! S5 bis Gilching-Argelsried und Bus 952 bis Stegen.

Bildnachweis Titelbild: (Forsthaus St. Hubertus, S. 78). Alle Fotos: Christine Strub, München., mit Ausnahme der Abb. auf S. 69 H. Bauregger. Illustrationen: Beate Brömse, München. Karten: Achim Norweg, München.

Haftung Vorliegendes Buch ist sorgfältig erarbeitet worden. Dennoch erfolgen alle Angaben ohne Gewähr. Weder Autor noch Verlag können für eventuelle Nachteile oder Schäden, die aus den im Buch gegebenen Hinweisen resultieren, Haftung übernehmen.

Impressum Der Südwest Verlag ist ein Unternehmen der Ullstein Heyne List GmbH & Co. KG, München.
© 2001 Ullstein Heyne List GmbH & Co. KG München. 3. Auflage 2003

Redaktion: M. Faiss-Heilmannseder; Projektleitung: A. Eszerski; Redaktionsleitung: Dr. R. Pietsch; Umschlag: T. Eiden; Layout/Satz: M. Scherer, München; Produktion: M. Metzger (Ltg.), A. Aatz

Printed in Slovakia   ISBN 3-517-06649-4

Register

Alte Villa 74
Alter Wirt Etterschlag 94
Alter Wirt Forstenried 92
Alter Wirt Obermenzing 70
Alter Wirt Ramersdorf 90
Aubinger Einkehr 72
Augustiner am Wörthsee 94
Augustiner-Keller 14
Aumeister 26

Brauhaus zur dicken Sophie 90
Bräustüberl Dachau 76
Bräustüberl Schloss Seefeld 94
Bräustüberl Weihenstephan 77
Brückenwirt 58
Brunnwart 23

Chinesischer Turm 18
Concordia-Park 31

Deutsche Eiche 92

Einkehr Zur Schwaige 63
Erdinger Weißbiergarten 92

Fasanerie 67
Flaucher 46
Floßlände 90
Forschungsbrauerei 38
Forsthaus Kasten 94
Forsthaus St. Hubertus 78
Franziskaner 40

Gasthaus Zum Hirschen 91
Gasthaus zur Mühle 93
Gasthof Grub 93
Grünwalder Einkehr 91
Grün Tal 24

Harlachinger Einkehr 48
Heide Volm 92
Heimstettener See 93
Hinterbrühl 52
Hirschau 22
Hirschgarten 64
Hofbräuhaus 9
Hofbräukeller 34
Hohenlindener Sauschütt 93
Hopfengarten 61

Insel-Mühle 68

Jagdschloss 91

Klosterbrauerei Andechs 80
Klosterbräustüberl Schäftlarn 93
Kraillinger Brauerei 79
Kreitmair 42
Kugler-Alm 82

Landsberger Hof 71
Leiberheim 39
Liebhard's Bräustüberl 84
Löwenbräukeller 13

Mangostin Asia 50
Marthabräukeller 94
Max-Emanuel-Brauerei 16
Menterschwaige 54
Michaeligarten 37
Mühlenpark Garching 92
Münchner Haupt' 51
Muffathalle 90

Osterwaldgarten 17

Park-Café Kitchen 10
Paulaner-Bräuhaus 11
Paulanerkeller 36
Pe. Es. Kottmeier 92
Plantage 93
Postmeister 93

Prinzregent-Garten 91
Pschorr-Keller 12

Rosengarten 60

Sankt-Emmerams-Mühle 25
Schlossgaststätte Hohenberg 94
Schlossgaststätte Leutstetten 86
Schlosswirtschaft Freiham 66
Schlosswirtschaft Mariabrunn 93
Schlosswirtschaft Oberschleißheim 88
Seehaus im Englischen Garten 20
Seehaus Schreyegg 94
Siebenbrunn 49

Tannengarten 45
Tassilogarten 90
Taxisgarten 32
Tutzinger Keller 94

Viktualienmarkt 8
Villa Flora 91

Waldheim 62
Waldwirtschaft Großhesselohe 56
Waldrestaurant Bergl 93
Weißes Bräuhaus 44
Weyprechthof 29
Wirtshaus Am Hart 28
Wirtshaus Obermühlthal 85
Wirtshaus zum Grünen Baum 91
Wirtshaus zum Isartal 91

Zamdorfer 90
Ziegelhaus 30
Zum Fischmeister 89
Zum Lercherl 59
Zur Mühle Ismaning 92

MVV Gemeinschaftstarif (Auszug)

Single-Tageskarten

Gültig für eine Person, ab Entwertung bis 6.00 Uhr früh des folgenden Tages für beliebig viele Fahrten mit MVV-Verkehrsmitteln. Die Karte gibt es für die Geltungsbereiche Innenraum (weiße Fläche auf dem Tarifplan), München XXL (Ringe 1 bis 6), Außenraum und Gesamtnetz. Kinder fahren mit einer eigenen Tageskarte. Sie gilt für das Gesamtnetz.

Partner-Tageskarten

Gültig für bis zu fünf Personen, ab Entwertung bis 6.00 Uhr früh des folgenden Tages für beliebig viele Fahrten mit MVV-Verkehrsmitteln. Zwei Kinder (6 bis 14 Jahre) zählen als eine Person. Die Karte gibt es für dieselben Geltungsbereiche wie die Single-Tageskarte.

Streifenkarten

Gültig für Fahrten in eine Richtung. Umsteigen und Fahrtunterbrechungen erlaubt. Die Karte kann von mehreren Personen zusammen benutzt werden. Für die Entwertung gilt: innerhalb Münchens zwei Streifen je Fahrt und Person. Für Kinder (6 bis 14 Jahre) gilt: ein Streifen der Kinderstreifenkarte für jede Fahrt, unabhängig von der Entfernung.

Fahrradtageskarte

Mit dieser Karte können Sie einen Tag lang mit dem Fahrrad die S- und U-Bahnen sowie die freigegebenen Regionalzüge benutzen. Mo bis Fr von 6.00 Uhr bis 9.00 Uhr und von 16.00 Uhr bis 18.00 Uhr darf das Fahrrad nicht mitgenommen werden. Während der Schulferien gilt nur die Sperrzeit am Vormittag. In Straßenbahnen und Bus ist die Mitnahme generell nicht möglich. Wer sein Fahrrad nur für eine einzelne Fahrt mitnehmen möchte, braucht eine Einzelfahrkarte für eine Zone, oder entwertet zwei Streifen der Streifenkarte. Kinder benötigen für ihr Fahrrad eine Einzelfahrkarte, entwerten einen Streifen der Kinderstreifenkarte oder kaufen eine Kindertageskarte zusätzlich zur Fahrkarte.

Fahrpreis für junge Leute

Das U21-Angebot gilt für alle jungen Leute von 15 bis 20 Jahren. Sie fahren mit der Streifenkarte zum halben Preis, entwerten pro Zone nur einen Streifen – also maximal vier. Zum Altersnachweis ist ein amtlicher Lichtbildausweis mitzuführen.

Fahrpreise für Kinder

Kinder unter sechs Jahren fahren gratis. Für Kinder von sechs bis vierzehn Jahren gilt ein Einheitspreis für das gesamte MVV-Netz mit drei Angeboten: Einzel-, Streifen- und Tageskarte.

(Kein) Fahrpreis für den Hund

Jeder Fahrgast mit gültiger Fahrkarte darf gratis einen Hund mitnehmen. Für jeden weiteren Hund ist eine Kinderfahrkarte erforderlich. Hunde müssen angeleint werden. Kampfhunde dürfen nicht mitgenommen werden.

Weiß-blaue Kombikarte

Sie gilt vom 20. April bis 19. Oktober 2003 für beliebige Fahrten im MVV-Gesamtnetz und mit den Linienschiffen auf dem Starnberger See und dem Ammersee; für bis zu fünf Personen (davon maximal zwei ab 18 Jahren).